독도를 지키는 사람들

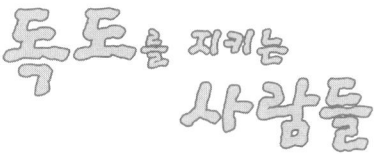

독도를 지키는 사람들

김병렬 지음 · 신혜원 그림

사계절

추천의 말

울릉도 동남쪽 뱃길 따라 이백 리
외로운 섬 하나 새들의 고향······

어린이 여러분, 이 노래를 들어 보았나요?
이 노래처럼 독도는 멀리 동해 바다 한복판에 외롭게 서 있는 섬이지요. 수많은 괭이갈매기들의 보금자리이기도 하구요. 늘 안개가 끼어 있어 외로움을 더해 주지요. 섬 전체가 바윗덩어리인데다 풍랑도 심하고 육지와도 멀리 떨어져 있어 사람들이 살기에는 힘든 곳이랍니다.
그런데 이처럼 아무 쓸모 없어 보이는 바윗덩어리 섬을 왜 일본 사람들은 아주 오래 전부터 자기네 땅이라고 우길까요?
여러분은 독도가 우리 나라 섬이니까 마땅히 지켜야 한다고 생각할 거예요. 하지만 여러분에게 다시 한 번 묻고 싶어요.
여러분, 독도는 왜 지켜야 할까요? 우리 땅이니까 무조건 지켜야 하는 걸까요? 왜 일본 사람들은 지금도 틈만 나면 끈질기게 자기네 땅이라고 우길까요? 일본 사람들이 그렇게 주장하는 데에는 우리가 잘 모르고 있는 어떤 이유가 있는 건 아닐까요?
이런 질문을 받으면 아마도 여러분은 한 가지 분명한 사실을 깨달을 수 있을 거예요. 여러분은 물론 어른들조차도 독도의 중요성과 함께 독도에 얽힌 역사적 사실을 잘 모르고 있다는 점이지요. 사실 일본 사람들이 그토록 억지 주장을 펴는 데에는 우리의 책임도 크답니다.

　이 책은 그러한 우리들의 잘못을 반성하게 해 주는 책입니다. 우리는 지금까지 우리 나라의 기록만을 가지고 독도와 안용복 장군의 활동을 설명해 왔습니다. 그리고 정확하고 객관적인 사실을 바탕으로 설득력 있게 설명하기보다는 우리쪽 입장만을 강조해 왔습니다. 이 책은 우리 나라의 여러 기록과 일본의 기록을 바탕으로 사실에 충실하게 적어 놓은 아주 훌륭한 책입니다. 안용복 장군이나 홍순칠 대장 이야기는 조금도 과장되지 않고 사실 그대로입니다. 그래서 때로는 여러분이 실망할지도 모릅니다. 특히 안용복 장군을 대단한 장수로 알고 있던 어린이라면 더욱 그렇겠지요.

　하지만 안용복 장군과 홍순칠 대장은 누구보다도 바다의 중요성을 잘 알고 있었고, 누구보다도 애정을 가진 분이었답니다. 안용복 장군이나 홍순칠 대장이 독도를 되찾아오고 지켜 낸 이야기는 여러분 마음 속에 깊이 새겨져 오래도록 남을 거예요.

　이 책을 읽고 나서 어린이 여러분 모두가 진정으로 독도를 지키는 사람으로 나설 때 일본도 어쩔 수 없이 독도를 포기하게 되리라 믿습니다.

1999년 9월

해군참모총장 해군대장 이수용

글쓴이의 말

　작년 말에 우리 나라는 일본과 어업 협정을 맺었습니다. 동해 바다를 한국 바다와 일본 바다로 나누는 협정이지요. 그런데 이 협정에서 독도 주변의 바다를 완전히 한국의 바다로 하지는 못하고, 한국과 일본의 어부들이 공동으로 고기를 잡을 수 있는 바다로 하였지요. 다시 말해서 한국 바다도 아니고 일본 바다도 아니라는 겁니다.
　이러한 문제점은 바로 일본 사람들의 억지 때문에 나오게 된 것이지요. 그런데 이러한 일본 사람들의 억지는 최근에 생긴 게 아니랍니다. 이미 600년 전부터 일본은 울릉도를 자기네 것이라고 우겨 왔답니다. 그러다가 잘 안 되니까 지금은 독도라도 차지하겠다고 우기고 있는 거지요.
　이러한 일본 사람들의 주장을 처음으로 물리친 사람이 안용복 장군이랍니다. 만약 안용복 장군이 없었다면 지금쯤 독도는 물론 울릉도까지도 일본 섬이 되었을 거예요. 그리고 그 뒤를 이어 해방 후에 독도를 지켜 온 분이 홍순칠 대장이랍니다. 역시 홍순칠 대장이 없었다면 독도는 이미 일본 섬이 되었을지도 모르지요.

　그래서 일본 사람들은 지금도 안용복 장군이나 홍순칠 대장을 미워하고 있답니다. 뿐만 아니라 일본의 여러 기록에 안용복 장군의 활동이 자세히 기록되어 있는데도 사실이 아니라고 우기고 있지요. 그래서 이 책은 일본의 기록을 중심으로 안용복 장군의 활동이 사실인가 아닌가를 설명하였습니다. 일본의 옛날 기록에 안용복 장군의 활동이 사실이라고 나와 있다면 일본 사람들이 꼼짝 못 할 테니까요.

　그런데 안타깝게도 우리 나라의 많은 사람들은 일본의 기록은 커녕 안용복 장군이 누구인지, 홍순칠 대장이 누구인지조차도 잘 모르고 있답니다.

　여러분도 지금까지는 몰랐었지요? 이제 이 책을 읽는 순간 여러분은 안용복 장군과 홍순칠 대장을 잘 알게 될 거예요. 그리고 이 책을 다 읽고 나면 독도를 어떻게 지켜야 하는지도 잘 알게 될 거예요.

1999년 9월
글쓴이

차 례

추천의 말-이수용(해군참모총장 해군대장) · 4
글쓴이의 말 · 6

1부 안용복 장군

바다 · 13
독도는 일본 땅이 아니다 · 30
음모 · 42
너도 좋고 나도 좋고 · 49
혹 떼러 왔다가 혹 붙이다 · 61
울릉도를 되찾다 · 71
일본으로 쳐들어가다 · 76
안용복을 죽여라 · 102
독도가 어디 있소 · 111

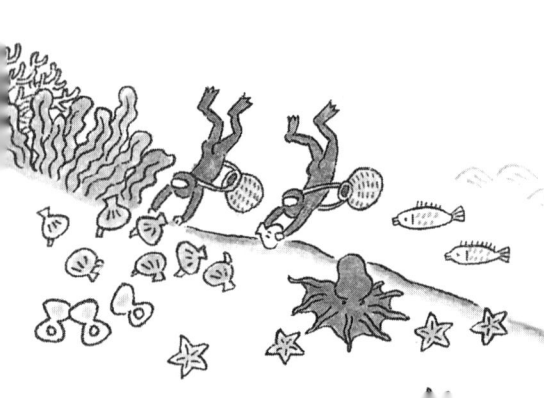

2부 홍순칠 대장

우리 손으로 독도를 지키자 · 123

오징어 판 돈으로 무기를 사다 · 129

애국자가 따로 있나 · 135

가자, 독도로! · 145

복창하라, 독도는 한국 땅이다! · 149

1, 2차 전투 · 155

강제 동원 · 167

여기는 독도! 울릉도 나와라, 오버! · 175

4차 전투 · 186

독도는 아무나 지키나 · 197

독도를 지키는 사람들 · 207

1부
안용복 장군

바 다

집으로 돌아오는 동안 내 머릿속은 복잡하기만 했다.
'선생님은 분명히 독도가 한국 땅이라고 말씀하셨는데 왜 일본 사람들은 자기네 땅이라고 우길까?'
'선생님이 말씀해 주신 이유를 혹시 일본 사람들은 모르고 있는 게 아닐까?'
'그렇다면 어떻게 해야 일본 사람들에게 그런 사실을 알려 줄 수 있지?'
도대체 궁금한 게 한두 가지가 아니었다.

우리 아빠는 육군 대위이다. 거의 매일 야근을 하다시피 하지만, 오늘은 일찍 퇴근을 하셔서 함께 저녁을 먹을 수 있었다. 나는 궁금하게 생각하고 있던 것들을 아빠께 여쭈어 보았다.

"아빠, 일본 사람들은 왜 독도를 자기네 땅이라고 해요?"

"나리야, 식사 시간엔 조용히 하는 거라고 엄마가 말했지."

잔소리꾼 우리 엄마. 아까 낮에 독도에 관해 여쭤 봤을 때는 "저녁때 아빠 오시면 여쭈어 보렴." 하시고선…….

"허허, 궁금한 게 있으면 물어 봐야지. 그런데 갑자기 그건 왜 묻지?"

"오늘 학교에서 독도에 대해 배웠는데, 일본 사람들은 무식하거나 떼쟁이인 것 같아요."

"그게 무슨 말이니?"

"〈세종실록지리지〉에 독도가 우리 나라 땅이라고 분명히 나와 있는데 일본 사람들이 자기네 땅이라고 우기잖아요."

"선생님이 그러시던?"

"네."

"그래, 밥부터 먹고 천천히 알아보자."

저녁을 먹은 후, 나는 엄마가 깎아 주신 사과를 가지고 거실로 갔다.

아빠는 8시 뉴스를 시청하고 계셨다. 마침 한일 어업 협정에 관한 보도가 나오고 있었다. 어제도 이 문제가 크게 보도되었다. 사람들의 관심이 온통 여기에 쏠려 있고, 오늘 선생님의 독도에 관한 말씀도 이 보도에 대해 설명하시던 중에 시작된 것이었다.

"아빠, 사과 드세요."

"그래. 그런데 나리야, 이번 협정에서도 우리가 일본에 밀릴 것 같구나. 아까 독도에 대해 물었지? 왜 쓸모 없는 바윗덩어리 섬을 서로 차지하려고 그렇게 난리일까?"

"……."

"나리야, 반지름이 200해리인 원을 그리면 그 넓이가 얼마나 될까?"

"1해리가 얼만데요?"

"그거야 네가 사전을 찾아서 알아봐야지, 아빠가 전부 가르쳐 주면 재미가 없잖니?"

"아빠, 잠깐만……. 음, 1해리는 1.852킬로미터니까, 200 곱하기 1.852의 값을 제곱해서 원주율 3.14를 곱하면……. 아빠, 아빠! 약 43만8백 제곱킬로미터인데요."

"그래, 그 정도면 얼마만한 넓이일까? 우리 나라의 넓이가 얼마지?"

"남북한 합쳐서 22만 제곱킬로미터."

"이야, 우리 나리가 제법인데? 그렇다면 우리 나라의 몇 배나 될까?"

"음, 거의 두 배 크기인데요."

"그래, 조그마한 섬 하나로 인해서 우리 나라 남북한을 합친 넓이의 두 배나 되는 바다가 자기 나라 바다가 된다고 하면 누군들 욕심을 내지 않겠니?"

"피이, 그까짓 바다가 뭐가 좋다고……."

"하하, 작년에 동해 바다로 해수욕 갔을 때는 바다가 좋다고 하더니."

"해수욕을 하는 데 그렇게 넓은 바다가 필요해요?"

"해수욕뿐이겠니? 조금 전에 먹은 고등어도 바다에서 나는 것이지?"

"네. 미역, 다시마, 소금도 다 바다에서 나와요."

"뿐만 아니라 석유도 바다에서 나오지, 구리나 망간 등 귀중한 광물도 나오지."

"아빠, 바닷물에서 어떻게 석유가 나오죠?"

"응, 바닷물에서 나오는 것이 아니고 바다 밑 땅에서 나오는 거란다."

"아아, 대륙붕에서?"

"그렇지! 우리가 쓰는 석유의 약 30퍼센트는 해저에서 생산된 것이란다."

"우와! 30퍼센트씩이나?"

"그리고 망간, 니켈, 코발트, 구리 같은 광물도 육지보다는

바다 밑에 묻혀 있는 것이 훨씬 많단다. 수출입품도 거의 다 바다를 통해서 배로 운반하고 있고. 또 바다는 외적을 방어하는 데도 육지보다 훨씬 효과적이란다."

"그게 무슨 말이에요?"

"이순신 장군께 배가 조금만 더 있었더라면 왜군이 육지에 상륙하기 전에 바다에서 전부 물리칠 수 있지 않았겠니?"

"아하, 그랬다면 우리 백성들이 고생하지 않아도 되었을 텐데."

"그렇지. 그래서 신라 문무왕도 동해 바다에 묻히신 것 아니겠니?"

"피이, 나 같으면 그런 정신으로 일본을 쳐들어갔겠다."

"그럴 기회가 전혀 없었던 건 아니지. 문무왕이 돌아가시고 난 후 150년쯤 뒤에 장보고가 청해진을 건설했단다. 그리고 서해와 동해는 물론 멀리 동중국해, 남중국해까지 모든 해상권을 장악했지."

"청해진이 계속 활동할 수 있었으면 임진왜란 같은 건 일어나지도 않았을 텐데. 그치, 아빠?"

"그랬겠지. 그런데 장보고의 세력이 점점 커지는 것을 시기한 세력이 그를 암살함으로써 결국 청해진이 무너지게 되었단다."

"청해진이 없어지니까 왜구들이 우리 나라를 계속 쳐들어와 백성들의 재물을 마구 약탈해 갔던 것 아니에요?"

"자업 자득이라고 할 수 있겠지……. 그 후 내내 왜구들에게 시달리다가 조선 시대에 들어와서는 아예 섬을 포기하기까지 했단다."

"섬을 포기하다니요?"

"그래, 그 얘기를 하기 전에……. 조선을 누가 세웠더라?"

"이성계."

"그렇지. 이성계가 조선을 건국하자, 이에 반대하는 사람이나 육지에서 죄를 지은 사람들이 울릉도로 도망쳐 들어가 살았단다."

"그 전에는 울릉도에 사람이 안 살았나요?"

"아니지. 〈삼국사기〉를 보면 신라 시대 이전부터 사람들이 살고 있었던 것으로 나온단다."

"아아, 이사부 장군 이야기요?"

"그래. 그 때부터 울릉도는 신라의 한 고을이 되어 조선 시대까지 내려오게 된 거지."

"그런데 울릉도 사람들이 말을 안 들었나요?"

"육지에서 멀리 떨어져 있었고, 또 이성계가 싫어서 도망쳐 들어간 사람들이니까 자연히 말을 잘 안 들었겠지. 거기다가 왜구들에 의한 피해도 걱정이 되었고."

"그래서 아예 사람이 살지 못하게 한 거네요?"

"그렇단다."

"그럼 일본 사람들이 들어와서 살게요?"

"1403년에 태종이 울릉도를 비우라는 명령을 내렸단다. 그러자 호시 탐탐 기회를 엿보고 있던 대마도주가 때는 이 때다 하고 울릉도를 자기한테 달라고 했지."

"그래서 주었나요?"

"주기는? 그 때 만약 주었다면 울릉도가 지금 한국 땅이겠니?"

"휴우, 다행이다! 그래서요?"

"조선에서 못 주겠다고 하니까 대마도주가 계획을 바꿨단다."

"어떻게요?"

"진귀한 물건을 바치는가 하면 조선에서 잡아갔던 사람들을 돌려보내는 등 온갖 아양을 다 떨었지."

"왜요?"

"자기들이 울릉도로 이사 갈 수 있도록 허락해 달라는 거지."

"왜 대마도를 버리고 이사를 가요?"

"대마도는 경사가 급하고 땅이 나빠서 농사를 지을 수가 없는데, 울릉도는 농사가 잘 되었거든."

"그래서요?"

"몇몇 대신들은 그렇게 하자고 했단다. 하지만 태종이 '일본 사람이 우리 나라 땅에 들어와 살면 그 땅은 일본 땅이 된다.'고 하면서 단호하게 반대했단다."

"그 후에는 대마도 사람들이 욕심내는 것을 알았으니 방비를 철저히 했겠네요."

"글쎄, 당시의 관리들이 나리만도 못했던 것 같구나. 방비는커녕 더욱 악착같이 섬 주민을 육지로 몰아 냈단다."

"아니, 오히려 섬에 더 많은 주민을 살게 하고, 군대도 보내서 일본 사람들이 욕심내지 못하도록 해야 하는 거 아니에요?"

"그렇지. 그런데도 오히려 군대를 보내 섬에 사는 사람들을 전부 붙잡아 오고 섬을 완전히 비우게 했단다."

"그 후에 대마도 사람들이 다시 섬을 달라고 하지는 않았나요?"

"달라기는? 임진왜란으로 거의 전 국토가 왜군들에게 점령당했는데."

"그렇지만 전쟁이 끝나고 전부 쫓겨갔잖아요?"

"육지에 있던 왜군들은 물러갔지만, 울릉도에 들어온 일본인들은 물러가지 않았단다."

"그러면요?"

"이들은 계속해서 울릉도를 차지하고 있었지. 그리고는 조선의 반응을 떠보기 위해 교활하게도 '죽도를 보러 가고자 하오니 뱃길 안내를 부탁합니다.' 하는 편지를 보내 왔단다."

"언제요?"

"광해군 6년이니까 서기로는 1614년이지."

"아, 그럼 자기들이 이미 울릉도를 차지하고 있으면서 가짜로 편지를 보낸 거네요?"

"그렇지. 이미 차지하고 있으면서 조선의 반응을 떠보기 위해 편지를 보낸 거지."

"아빠, 근데 왜 울릉도가 아니고 죽도죠?"

"응, 그 때는 일본 사람들이 울릉도를 죽도라고 불렀단다."

"그런데 왜 지금은 죽도라고 하지 않죠?"

"처음에는 독도를 송도로, 울릉도를 죽도라고 불렀다가 지금은 독도를 죽도라고 부른단다."

"왜요?"

"1905년에 다시 이름을 붙이면서 잘못 붙인 거지."

"왜 죽도와 송도라는 이름을 바꿔서 붙이게 되었을까요?"

"처음에는 울릉도를 죽도라고 하고 독도를 송도라고 하면서 왔다갔다했는데, 안용복 장군 때문에 1696년에 울릉도와 독도를 조선에 되돌려주고 난 후에는 울릉도 출입을 하지 않았단다. 그러다 보니까 자연히 섬 이름도 잊어버리고 위치도 잊어버렸지. 그래서 1800년대 말에는 한동안 울릉도를 가지고 새로운 섬을 발견했다 어쨌다 하며 떠들다가 이름을 갖다 붙인다고 한 게 반대로 붙이게 된 거지."

"편지를 받고는 어떻게 했나요?"

"울릉도가 조선 땅이라는 사실은 〈동국여지승람〉이라는 책에도 나와 있다. 그러니 일본인이 조선 땅인 울릉도를 보러

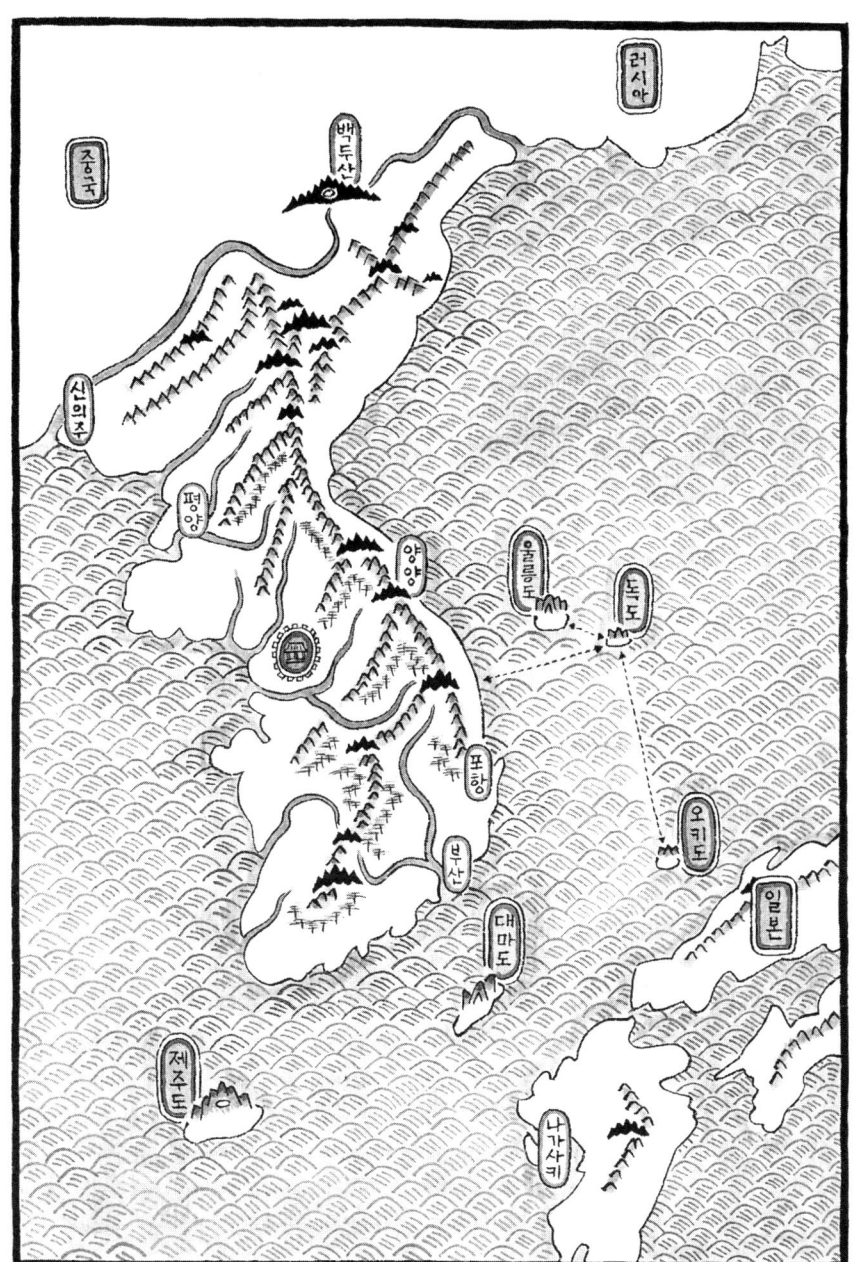

간다는 건 말도 안 된다고 했지."

"울릉도에 일본인들이 진짜로 살고 있는지 직접 가서 확인해 보지는 않고요?"

"이순신 장군이 살아 계셨다면 당연히 가 보셨겠지. 하지만 직접 가 보지는 않고 그냥 말로만 우리 나라 땅이니 넘보지 말라고 했단다."

"그래서 일본인들이 순순히 물러갔나요?"

"웬걸, 죽도가 울릉도라고 하니까 다음 해에는 죽도라는 이름을 의죽도로 슬쩍 바꿔 가지고 마치 다른 섬인 것처럼 간사한 술책을 썼단다. 하지만 그런 일본인들의 술책에도 불구하고 동래부사는 단호히 못 가게 했지. 하지만 울릉도까지 직접 가서 일본인들이 들어왔는지는 확인하지 못했단다."

"왜 못 했어요?"

"바다가 두려웠기 때문이지. 별 쓸모도 없는 섬 하나 때문에 배를 내었다가 풍랑을 만나면 어쩌나 하고……."

"일본 사람들이 무서웠던 건 아니고요?"

"글쎄, 그런 이유도 있었겠지."

나는 영토의 중요성을 소홀히 생각했던 당시의 사람들에게 화가 났다.

"그럼 일본 사람들이 계속해서 울릉도를 차지하고 있었겠네요?"

"차지했다기보다는 마음대로 왔다갔다하면서 나무도 베어

가고 고기도 잡아가곤 했지. 그러다가 1618년에는 일본 정부가 '오타니'와 '무라카와'라고 하는 사람에게 독점적으로 울릉도에서 고기를 잡을 수 있는 허가까지 내주게 되었단다."

"조선 정부가 내준 게 아니고 일본 정부가요?"

"그렇단다."

"조선에서는 가만히 있었나요?"

"조선에서는 그런 일이 있는지조차 알지 못했단다. 울릉도에 사람이 살아야 '일본 사람이 쳐들어왔습니다. 살려 주세요!' 하고 조정에 알릴 텐데, 아무도 살지 않았으니 알 수가 없었지."

"그렇게 일본 사람들이 울릉도를 차지했는데, 지금은 어떻게 우리 나라 땅이 됐어요?"

"그 얘기는 하도 복잡하고 길어서 이 아빠도 설명하기 어려운걸. 토요일에 할아버지 댁에 가니까 그 때 할아버지께 여쭤 봐라. 네 할아버지만큼 자세히 알고 계신 분도 드무니까. 오늘은 늦었으니 그만 자야지? 아빠도 좀 쉬어야겠다."

"알았어요, 아빠."

* * *

할아버지는 전에 공무원으로 근무하셨는데 이제는 정년퇴임을 하고 시골에 살고 계신다. 엄마, 아빠와 함께 한 달에

한 번씩 주말에 찾아뵙는데, 토요일까지 기다리는 게 여간 지루하지 않았다. 그래서 우선 담임 선생님께 여쭤 보기로 했다.

"선생님, 일본에 빼앗겼던 울릉도를 어떻게 찾아왔어요?"

"그거야 1945년에 해방이 되면서 자연히 우리 땅이 되었지."

"일본 사람들이 우리한테 주었나요?"

"준 게 아니라 우리 땅이니까 해방이 된 거지."

"그럼 그 때 독도는 해방된 게 아닌가요?"

"독도도 당연히 해방이 되었지."

"그런데 왜 일본 사람들이 자기네 땅이라고 하죠?"

"그거야 그 사람들이 억지를 부리는 거지."

"더 좋은 제주도나 울릉도를 돌려준 사람들이 왜 보잘것없는 독도는 안 돌려주고 자기네 땅이라고 할까요?"

"그건 제주도나 울릉도까지 자기네 땅이라고 할 염치가 없기 때문이 아닐까?"

선생님과 오랫동안 이야기를 나누었지만 궁금증은 더욱 커지기만 했다. 해방이 된 후 임진왜란 때부터 350년간이나 차지했던 울릉도를 선뜻 돌려준 일본 사람들이 조그마한 돌섬 하나를 돌려주지 않으려고 한다는 게 이상했다. 그리고 앞뒤도 안 맞는 것 같았다.

나는 단짝 친구인 경환이와 함께 도서관에 가서 〈한국사 대사전〉을 찾아보았다.

"경환아, 찾았니?"

"우 다음에 울…… 울릉…… 울릉도…… 찾았다!"

"뭐라고 되어 있니?"

"경상북도에 속한 화산도로, 일명 울릉·무릉·우릉 또는 우산 등으로 불려 왔다. 1693년 울릉도에 고기잡이를 갔던 안용복이 일본 어부에게 납치되어 …… 일본은 조선 영토권을 인정하고 일본 어부의 출입을 금지시켰다……."

"그렇다면 납치되었던 안용복이 빼앗아 왔다는 얘긴가?"

"설마! 납치된 사람이 어떻게 빼앗아 오니?"

"그렇지?"

"나리야, 네가 인물 사전에서 안용복을 찾아봐."

"알았어. 아…… 안…… 안용복…… 여기 있다!"

"뭐라고 쓰여 있니?"

"조선 숙종 때의 민간 외교가 …… 1693년 울릉도에 건너가 일본 사람을 모두 몰아 냈다……."

"뭐야, 내용이 서로 다르잖아?"

"그래, 〈한국사 대사전〉에는 일본 어부에게 납치된 걸로 나오는데, 여기에서는 몰아 낸 걸로 되어 있네?"

"어떤 게 맞는 건지 자세한 건 내일 선생님께 여쭤 보자."

"그럼 선생님께 여쭤 볼 것을 공책에 적어 보자."

나는 공책을 꺼내 다음과 같이 적었다.

1. 안용복은 어떤 사람인가?
2. 안용복은 어떻게 해서 울릉도를 되찾아오게 되었을까?
3. 울릉도를 되찾아온 후 울릉도 관리는 어떻게 하였는가?
4. 안용복이 왜 독도는 되찾아오지 못했는가?

다음 날, 일찍 학교에 간 나는 경환이와 함께 교무실로 가서 선생님께 궁금한 사항을 여쭤 보았다.

"선생님, 어제 〈한국사 대사전〉을 보다가 궁금한 게 있어서 왔는데요, 안용복은 어떤 사람이에요?"

"응, 안용복은 울릉도에 고기 잡으러 갔다가 일본 어부들이 있는 것을 보고는 일본까지 쫓아가서 울릉도와 독도는 우리 나라 땅이라고 하는 확인을 받아 온 사람이란다."

"우리 아빠한테 여쭤 보니 일본 사람들은 울릉도를 빼앗기 위해 많은 노력을 했다고 하던데, 자기네 땅이 아니라고 순순히 확인해 줬나요? 그리고 왜 그 때는 우리 나라 땅이라는 걸 확인해 주고선 지금은 자기네 땅이라고 하지요?"

"선생님도 거기까지는 잘 모르겠다. 아빠께 자세히 여쭈어 보고 선생님한테도 알려 주렴."

나는 하루 종일 안용복 때문에 아무것도 할 수가 없었다. 그 대신 공책에는 궁금한 사항만 늘어 갔다.

5. 일본 사람들은 왜 울릉도를 되돌려주었을까?
6. 그 때 왜 더 작은 독도는 되돌려주지 않았을까?

저녁때 아빠께 안용복에 대해 여쭈어 보았다. 아빠는 빙그레 웃으시며 내일 할아버지 댁에 가니까 그 때 여쭤 보자고 하시며, 궁금한 내용은 공책에 미리 적어 놓으라고 하셨다. 그래서 공책에 적어 놓은 것을 아빠에게 보여 드렸더니 초등학생으로서는 아주 잘 했다고 칭찬해 주셨다.

할아버지는 지금도 두꺼운 책을 보면서 열심히 공부하신다. 내가 무엇이든 여쭤 보면 알기 쉽게 설명도 잘 해 주신다. 지난번에는 백두산에 대해 이야기해 주셔서 반에서 발표한 적이 있는데, 선생님께서 아주 잘 했다고 칭찬해 주셨다. 이번에도 잘 적어 가지고 와서 발표해야겠다고 생각하고 미리 공책을 준비했다.

독도는 일본 땅이 아니다

　아직 추위가 완전히 가시지는 않았지만, 햇살 속에 봄 기운이 가득 느껴지는 주말에 할아버지 댁을 찾았다.
　저녁을 먹고 나자, 나는 할아버지를 졸라 서재로 자리를 옮겼다. 할아버지의 서재에는 아주 오래 된 책들이 많았다. 그래서인지 곰팡내 비슷한 냄새가 났다.
　"옛날에 일본 사람들이 울릉도를 차지했었다는 건 아빠한테 들어서 알겠는데요, 어떻게 해서 우리 나라가 되찾아왔는지 그게 제일 궁금해요."
　"원, 녀석도. 호기심 많은 건 네 아빠 어렸을 적하고 똑같구나."
하면서 할아버지는 빽빽한 책꽂이에서 두꺼운 책 한 권을 꺼내셨다. 표지는 한자로 되어 있는데 내용은 한자와 한글이

섞여 있었다. 마지막 부분은 전부 한자로만 쓰여 있었다.

"이 책이 바로 〈숙종실록〉이라고 하는 건데, 국사편찬위원회에서 번역해 놓은 거란다. 이 부분이 원본을 그대로 사진 찍어서 인쇄해 놓은 것인데, 여기에 울릉도를 되찾아오는 대목이 자세히 나온단다."

나는 얼른 공책에다 〈숙종실록〉이라고 쓰고는 할아버지 말씀에 귀를 기울였다.

"울릉도에는 좋은 나무도 많고, 또 주변 바다에 고기도 많았단다. 그래서 조선 어부들 가운데는 통행을 금지했음에도 불구하고 몰래 들어가서 나무를 베어 배를 만들고 고기를 잡는 사람들이 많았단다."

"우리 나라 땅인 울릉도에 일본 사람들은 일본 정부에서 허가를 받고 당당히 들어왔는데 우리 나라 사람들은 몰래 들어갔어요?"

"숙종 19년, 그러니까 1693년에 안용복도 동료 어부 40명쯤과 함께 몰래 울릉도로 고기를 잡으러 갔단다. 거기서 일본 어부들을 만났지. 그래서 안용복이 '이 섬은 조선의 섬인데 어떻게 왜인인 너희들이 여기에 왔느냐?' 하며 일본 사람들을 나무랐단다."

"안용복이 일본어도 할 줄 알았어요?"

"안용복은 원래 경상도 동래가 고향인데, 가까이에 있는 왜관(조선 시대 때 왜인이 머물던 지역)을 드나들면서 일본어를 익

힌 거지."

"아, 알겠어요. 그런데 안용복이 관리는 아니었나요?"

"〈춘관지〉라는 옛날 책을 보면 안용복의 활동 사실이 자세하게 나온단다. 거기에 안용복이 군함의 노를 젓는 수군으로 복무했다고 기록되어 있지. 그러니까 하급 군졸로 복무하다가 제대한 뒤에 어부 생활을 한 것으로 봐야 하지 않겠니?"

"맞아요, 할아버지. 양반이었다면 장수로 근무했을 텐데."

"그래, 안용복이 천한 신분이었음엔 틀림없지. 하지만 안용복은 그 누구도 해낼 수 없는 훌륭한 일을 했단다."

할아버지는 안용복이 울릉도에서 일본 사람들과 다툰 이야기를 계속해 주셨다. 나는 할아버지의 이야기를 공책에 받아 적기 시작했다.

* * *

"나는 경상도 동래에서 온 안용복이오. 당신들은 어디서 온 사람들이오?"

"우리는 호키쿠니 요나코(독도에서 가까운 일본의 한 어촌)에서 왔소."

"여기는 조선 땅인데 어떻게 일본인들이 들어왔소?"

"무슨 소리요! 여긴 일본 땅이오. 우리는 지난 수십 년 동안 여기서 고기를 잡고 전복을 땄소."

"당신들이야말로 무슨 소리요! 당장 돌아가시오! 여기는 조선 땅이오."

"우리는 조정에서 받은 허가장이 있소. 그런데 당신은 허가장이 있소?"

"당신네 조정이 조선 땅에서 고기 잡으라고 허가해 주었단 말이오? 이거야말로 자던 개도 웃을 소리네. 어디 그 허가장 좀 봅시다."

"지금은 없고 우리 주인인 오타니 씨가 가지고 있소."

"당신네 조정이 허가장을 내줬다는 것도 말이 안 되고, 또 그 허가장을 가지고 있다는 것도 말이 안 되오."

"그렇다면 우리를 따라가서 확인하면 될 것 아니오?"

"좋소, 만약에 사실이 아니라면 그냥 두지 않겠소. 어둔아, 함께 가자!"

"잠깐, 저놈들을 따라가도 괜찮을까?"

"호랑이를 잡으려면 호랑이 굴로 들어가야지."

"알겠소. 까짓 거 죽기 아니면 까무러치기지 뭐."

* * *

나는 할아버지의 말씀이 〈한국사 대사전〉에 나오는 것과는 다르다고 말씀드리면서 혹시 안용복이 납치된 게 아니냐고 여쭤 보았다.

"그래, 요즘에 나온 책들을 보면 대부분 안용복이 납치된 것으로 쓰여 있단다. 그런데 일본의 이케다 가문(안용복이 일본에 갔을 당시에 호키슈 지방의 태수를 지낸 집안)에 전해 내려오는 문서에는, '괘씸한 말투로 말하기에 우두머리로 보이는 자 한 명과 그 밑에 있는 자 한 명을 불러 내어 데리고 왔습니다.'라고 쓰여 있단다. 이것으로 미루어볼 때 강제로 납치된 건 아니고 일본인이 사실을 확인하러 가자고 하니까 담력이 센 안용복이 따라 나섰던 것으로 보는 게 옳지 않겠니?"

"참, 그렇겠네요. 일본 사람들이 구태여 안용복을 납치해 갈 이유도 없었구요. 그런데 할아버지, 그 때 안용복은 몇 살쯤 되었나요?"

"우리 나라 기록에는 정확한 나이가 안 나와 있는데, 당시 호키슈의 기록에 따르면, 안용복은 마흔두 살이고 박어둔은 스물네 살로 되어 있단다."

* * *

안용복과 박어둔이 허가장을 확인하러 가기 위해 배에 오르자 일본인들은 바로 돛을 올려 울릉도를 출발하였고, 이튿날 독도에서 가장 가까운 일본 섬인 오키도에 닿았다. 오키도주는 이 때까지 죽도, 즉 울릉도를 일본 섬으로만 알고 있었다. 그런데 안용복이 조선의 섬이라고 하니까 안용복을 심

문하였다.

"조선인이 어떻게 죽도에 들어왔소?"

"죽도라니오? 그 섬은 조선 땅인 울릉돕니다."

"어째서 그 섬이 조선 땅이란 말이오?"

"울릉도에서 우리 나라까지는 하룻길인데 일본까지는 닷샛 길이니, 마땅히 우리 나라에 속하는 거 아니겠소? 조선 사람이 조선 땅에 갔는데 왜 날 죄인 취급하는 거요? 만약 당신들이 나를 죄인 취급하면 우리 조정이 그대로 있진 않을 거요. 당신들이 막부(당시 일본을 통치하던 무사 정부)로부터 울릉도 경영권을 받았다고 하기에 나는 그 증명서를 확인하기 위해 온 것이오. 그러니 어서 그 증명서를 내놓으시오. 만약에 그 증명서가 없다면 당신들은 나를 속인 것이오. 또 그 증명서가 있다면 막부가 우리 조정을 업신여긴 것이니 내가 그 증명서를 가지고 가서 우리 조정에 그러한 사실을 알릴 것이오."

"그 증명서는 내가 가지고 있는 게 아니고 요나코에 있는 오타니 씨가 갖고 있는 것으로 알고 있소."

"그렇다면 내가 여기서 당신과 이야기하는 게 아무 의미가 없소. 우리는 요나코로 가겠소이다."

이에 오키도주는 안용복의 말이 옳다고 생각하여 안용복 일행을 호키슈 태수한테 보냈다. 여기서도 안용복이 당당하게 일본의 잘못을 나무라면서 증명서를 보여 줄 것을 요구하자, 호키슈 태수는 거리상으로 보아 죽도가 조선 땅일 가능성도 있다고 생각하게 되었다. 그는 두 달 동안 안용복을 오타니가의 별채에 머물게 하고 밤낮으로 석 되씩의 술을 주는 등 안용복을 구슬리려고 하였다.

* * *

"할아버지, 호키슈 태수는 왜 안용복을 구슬리려고 했을까요?"

"안용복이 시끄럽게 굴면 막부의 장군이 울릉도에 관한 사실을 꼬치꼬치 캐묻게 되지 않겠니? 그러다가 혹시 장군에게 무슨 트집이라도 잡히지 않을까 걱정되었기 때문이지."

"혹시 오타니와 무라카와 가문에서 자기들의 이익을 빼앗길지도 모른다고 생각해서 태수한테 부탁한 건 아닐까요?"

"오타니와 무라카와 가문은 지금까지 잘 해 오던 고기잡이가 갑자기 나타난 안용복으로 인해 방해받지도 모른다고 생각했지. 그래서 자기들 나름대로 안용복을 극진하게 대접하면서 구슬리려고 하다가 잘 안 되니까 태수에게 부탁도 했겠지. 아무튼 호키슈 태수는 안용복을 달래려고 해도 안 되니까, 할 수 없이 막부의 장군에게 조선인을 데려왔다고 보고하게 된단다."

"그래서요?"

"막부의 장군은 조선인을 끌고 온 것이 조선과의 우호 관계를 해칠지도 모른다고 생각하고 당장 조선인을 귀국시키라고 했단다."

"그래서 안용복이 바로 귀국했나요?"

"아니지. 우선 안용복을 오타니 집에서 영빈관으로 옮긴 다음, 사오 일 동안 다시 한 번 구슬렸단다. 이 때에도 안용복이 완강하게 울릉도는 조선 땅이라고 하자 은덩어리까지 주면서 구슬렸지만 실패하고 말았지. 그래서 결국엔 장군에게 보고하여 '울릉도는 일본 땅이 아니다.'라는 서장(서약서)까지 써 주었단다. 안용복 일행은 크게 기뻐했지. 박어둔은 그것만 가지고 가면 조정에서 큰 벼슬을 내릴 거라며 들떴고, 안용복도 '여기 이 붉은 인주를 봐라. 왜놈들은 인주가 귀해서 장군만 이렇게 붉은 인주를 쓰고 나머지는 먹물을 발라서 도장을 찍는단다. 그러니 이 붉은 인주가 바로 장군의 서장임을 증명하는 것이 아니고 무엇이냐? 하하하하!' 하며 기뻐했지. 그런데 안용복 일행이 기뻐하기에는 너무 일렀단다. 서장을 써 준 호키슈 태수가 장군의 명령대로 안용복과 박어둔을 나가사키로 보냈는데 여기서 그만 문제가 생겼단다."

"무슨 문제요?"

"그 문제에 대한 이야기는 저녁 먹고 하기로 하고……. 아무튼 호키슈 태수는 서장까지 써 준 후 안용복 일행을 극진히 대접했단다. 그리고 일행이 떠날 때에는 안용복을 위해 두 명의 무사를 책임자로 하고 의사, 요리사, 병졸, 짐꾼, 잡부,

가마꾼까지 붙여 주었단다. 그리고는 혹시 안용복이 호송 도중 행패를 부릴지도 모른다고 하면서 부녀자나 어린아이들에게 길에 나와서 구경해서는 안 된다는 명령까지 내렸단다."

"왜요?"

"그게 바로 안용복이 호키슈 태수에게 얼마나 당당하게 굴었나 하는 걸 보여 주는 대목이 아니겠느냐?"

"만약 납치되어 갔다면 잔뜩 겁을 먹고 풀이 죽어 있었을 텐데요."

"그렇지! 우리 나리가 상황을 아주 잘 파악하고 있구나."

"보통이죠 뭐, 헤헤."

창 밖엔 어느 새 땅거미가 지고 있었다.

저녁을 먹고 서재로 돌아왔을 때는 이미 8시가 넘은 시각이었다. 할아버지께서 스위치를 누르자 형광등이 몇 번 껌벅거리다가 환하게 밝아졌다.

"할아버지, 나가사키에서 무슨 일이 벌어졌는데요?"

"허허, 이녀석 좀 보게. 숨 돌릴 틈도 안 주고……. 그런데 나리야, 넌 왜 그렇게 독도에 관심을 갖는 게냐?"

"그거야 당연히 우리 땅이니까 그렇죠."

"허허, 그런가? 우리 나리 말이 맞구나. 할애비가 당연한 걸 물어 보았어. 우리 땅이니까 우리가 알아야 하고, 우리가 지켜야겠지."

"사실은 요즘 독도 문제로 떠들썩하잖아요. 그래서 선생님이 사회 탐구 시간에 조를 짜서 독도에 대해 알아 오라고 하셨거든요."

"그럼 그렇지, 어쩐지 유난히 안달을 부린다 했더니."

"헤헤, 하지만 꼭 그것 때문만은 아니에요. 전 나중에 커서 아빠처럼 군인이 될 거예요. 나라를 지키는 씩씩한 여군이요."

"야, 이거 할애비가 긴장해야겠는걸? 대충대충 가르쳐 주었다가는 나중에 우리 손녀딸한테 원망 듣겠네."

할아버지의 이야기는 다시 시작되었다. 나는 할아버지가 말씀하시는 내용을 적으면서, 이건 어느 책에 나오는 내용이다 하시면 그것을 괄호 안에 표시했다. 특히 일본 책은 (일.○○)라고 표시했다.

음 모

 장군이 '울릉도는 일본 땅이 아니다.'라는 서장을 써 주었다는 소식을 들은 대마도주는 잘 하면 죽도 전체가 자신에게 주어질지도 모른다고 생각하게 되었다.

 대마도주는 장군이 조선인들에게 써 주었다는 서장을 빼앗고 오히려 그들로부터 죽도는 조선 땅이 아니라는 서장을 받아 내야겠다고 마음먹었다. 그렇게만 된다면 막부의 장군이 자신의 공을 크게 인정해 줄 것은 물론이고, 더 나아가 호키슈가 가지고 있던 죽도의 경영권을 자신에게 내줄지도 모른다는 생각이 들었다. 그는 심복을 불렀다.

 "하마다, 나가사키에 좀 다녀오너라. 몇 달 전에 호키슈 어부가 죽도에서 조선인들과 충돌이 있었던 모양이다. 얼빠진 호키슈 태수가 막부 장군의 허락을 얻어 죽도가 일본 땅이 아니라는 서장을 써 주었다고 한다."

"그 얘기는 저도 들었습니다."

"네가 가서 그 조선인들이 어떤 사람인지, 조선에서는 죽도를 어떻게 생각하고 있는지를 잘 알아보아라. 그리고 무슨 수를 써서라도 서장을 빼앗아 오도록 해라."

"알겠습니다. 그런데 어차피 우리 대마도로 데려올 것 아닙니까?"

"물론 나중에는 데려오겠지만 나가사키에서 모든 일이 잘 이루어져야 후에 우리가 의심받지 않게 될 것 아니냐. 그러니 착오 없도록 해라."

이렇게 하여 미리 나가사키로 가서 대기하고 있던 대마도주의 심복 하마다는 안용복 일행이 도착하자 심문하기 시작했다. (일. 어로일기)

"네가 허황된 소리를 하는 조선인이냐?"

"무엇이 허황된 소리라는 말이오?"

"어허, 맹랑한 놈! 어디서 말대꾸냐?"

"나는 조선의 어부 안용복이라는 사람이오. 이제 목적한 바를 이루고 조선으로 돌아가는 길이니 어서 보내 주시오."

"네가 이루었다고 하는 목적이 무엇이냐?"

"그 동안 우리 땅 울릉도에 일본 어부들이 수시로 들어와 고기를 도적질해 갔소. 이제 내가 들어와 앞으로 다시는 그런 일이 없을 거라는 약속을 받아 가는 길이오."

"약속이라? 그럴 리가 없는데, 누가 무슨 약속을 했다는 것이냐?"

"호키슈 태수가 막부 장군의 지시를 받아 다시는 어부들을 보내지 않겠다고 약속했소."

"하하, 말로는 무슨 약속인들 못 하겠나……."

"말로만 한 게 아니고 서장을 받았소."

"그으래? 여봐라! 즉시 저 조선인의 짐을 뒤져 문서가 있나 살펴보아라."

"여기 있습니다."

"으흠, 이 서장은 잘못된 것이니 내가 압수한다."

"아니, 무엇이 잘못되었다는 거요? 당장 돌려주시오!"

"네가 조선의 사신도 아닌데 서장은 무슨 서장이냐?"

"비록 사신은 아니지만, 나는 울릉도에서 고기를 잡는 어부들의 우두머리요. 일본인이 남의 땅에서 고기를 도적질해 가는 것을 지적하고 앞으로 다시는 그러지 않겠다는 약속을 받은 것인데, 사신 여부가 무슨 관계가 있다는 말씀이오?"

"네놈이 사신도 아니면서 사신인 척하고도 살기를 바라느냐? 여봐라, 저놈을 죽지 않을 만큼 두들겨 패라!"

하마다로부터 심문 내용을 보고 받은 대마도주는 항복을 받아 내는 것이 쉽지 않겠다고 판단했다. 그는 좀더 가혹한 고문을 가하되 그래도 안 되면 계획을 바꾸기로 했다. 조선으로부터 죽도가 일본 땅이라는 확인을 직접 받아 내기로 한

것이다.

　마침내 안용복 일행이 나가사키에서 대마도로 왔다. 도주는 일행을 옥에 가두고 다시 심문하기 시작했다.

　"너는 왜 우리 일본 땅인 죽도에 마음대로 들어와서 고기를 잡았느냐? 그러고도 살기를 바라느냐? 이제 너의 잘못을 인정하고 잘못을 빌면 목숨만은 살려서 보내 주겠지만, 그렇지 않으면 살아서 돌아갈 생각일랑 아예 말아라."

　"울릉도에 가까이 있는 오키도주나 호키슈의 태수도 울릉도가 조선 땅이라는 것을 인정하였는데, 어찌 도주께서는 울릉도가 일본 땅이라고 하시오?"

　"오키도주나 호키슈 태수가 언제 그런 말을 하였더냐?"

　"말로만 한 것이 아니라 서장까지 써 주었소."

　"오, 그래? 그렇다면 그 서장 좀 보자."

　"그런데 그 서장을 당신 부하에게 빼앗겼소. 이것은 당신네 일본 관리 사이의 신의와 관련되는 문제요. 어떻게 한 관리가 써 준 것을 다른 관리가 빼앗는단 말이오. 어서 서장을 돌려주고 나를 조선으로 보내 주시오."

　"으하하하, 무슨 요망한 소리냐? 도대체 일본 땅인 죽도를 호키슈 태수 따위가 어떻게 너희에게 준단 말이냐? 너는 그게 말이 된다고 생각하느냐?"

　"내가 알기로는 막부에 보고하여 장군의 지시에 의해 써 준 것으로 알고 있소."

"장군도 그렇지, 조선의 사신도 아닌 네놈에게 무슨 서장을 써 준다는 말이냐? 헛소리 말고 남의 땅에 들어와서 고기 잡은 것을 얼른 사과하거라. 여기 잘못했다고 쓴 이 서장에 서명만 하면 이번에 한해 용서해 주마."

"몇 번씩 말해야 합니까? 조선 사람이 조선 땅에 가서 고기를 잡았는데 잘못했다고 자백서를 쓰라니요? 오히려 자백서는 내가 받아 가야 하오."

"여봐라, 저놈이 주둥이만 살아 가지고 말이 많구나! 잘못을 뉘우칠 때까지 매우 쳐라!"

"나는 조선의 어부들이 울릉도에서 고기 잡는 것을 감독하는 사람이다. 당신들이 만약 내 몸에 손을 댄다면 우리 조정에서 가만히 있지 않을 것이다!"

"저놈이 아직도 반성을 하지 않는구나! 더 세게 쳐라!"

그러나 아무리 고문을 해도 안용복은 항복하지 않았다. 도주는 직접 조선으로부터 죽도가 일본 땅이라는 서장을 받아 내야겠다고 마음을 굳히고 다찌바나를 불렀다.

"아무래도 저놈이 악독해서 자백을 받아 내기가 힘들 것 같다. 네가 저놈들을 끌고 조선으로 가서 아예 조선 조정의 항복을 받아 가지고 오너라."

"예, 준비되는 대로 출발하겠습니다."

"아직 저놈들의 상처가 아물지 않았으니, 상처가 아무는 대로 출발하도록 해라."

"아닙니다. 지금 바람이 순풍으로 불 때 출발해야 합니다. 더 늦추면 겨울이 되어 북서풍이 불기 때문에 항해가 곤란합니다."

"그렇구나. 그럼 저놈들을 데리고 가서 바로 조선으로 넘겨 주지 말고 상처가 아물 때까지 가둬 놓았다가, 상처가 아물면 넘겨 주고 서장을 받아 오도록 하여라."

"지당하신 말씀입니다."

이렇게 하여 안용복 일행을 데리고 대마도를 떠난 다찌바나는 9월 말에 부산에 도착했다.

조선 조정에 곧바로 안용복을 넘겨 주지 않고 차일피일 시간만 보내고 있는 다찌바나에게 왜관의 우두머리가 물었다.

"언제쯤 동래부에 알릴까요?"

"서두를 것 없소."

"그래도 조선에서 궁금하게 생각할 텐데요."

"그런 건 걱정하지 말고 저 조선인 놈들에게 좋은 음식을 먹이고 약이라도 발라 주시오. 조선 조정에서 자기네 백성들을 마구 대했다고 항의할지도 몰라 상처가 아물 때까지 기다리는 것이오."

"아, 네에."

너도 좋고 나도 좋고

한편, 바다를 건너온 안용복 일행은 곧 석방될 것으로 생각하고 기뻐했지만, 하루 이틀이 지나도 도무지 풀려날 기미가 보이지 않았다.

"어둔아, 이놈들이 왜 우리를 동래부로 보내지 않는지 모르겠다."

"모르겠소. 괜히 성님 따라 나섰다가 병신만 될 뻔했소."

"야, 어둔아. 그래도 우리가 울릉도에서 일본놈들을 몰아냈다고 하면 임금님께서 후한 상을 주실 거다."

"지난번에 울릉도는 일본 땅이 아니라고 써 준 서장을 가지고 왔어야 하는 건데……. 성님, 조정에서 우리 말을 믿어 줄까요?"

"비록 서장은 빼앗겨서 없지만, 막부의 장군이 실언이야 하겠느냐?"

"글쎄, 그렇기나 하면 좋을 텐데……. 그런데 성님, 갑자기 놈들의 태도가 달라진 것 같지 않소?"

"뭐가?"

"아침 저녁으로 들어오는 밥도 많아졌고, 또 무릎에 난 상처에 붙이라고 파초 뿌리 짓이긴 것도 갖다 주고……."

"글쎄다, 워낙 교활한 놈들이라 또 무슨 꿍꿍이를 꾸미는지도 모르지. 아무튼 밥이나 많이 먹어 두자."

이렇게 40여 일을 보내자 상처가 아물었다.

"성님, 들었소?"

"뭘?"

"밥 갖다 주는 여자한테 들었는데, 이제 상처가 아물었으니 돌려보낼 거라고 합디다."

"그러면 그렇지. 어쩐지 이놈들이 후하게 대하더라니. 그러나저러나 어머님은 잘 계시는지 모르겠구먼. 우리가 집 떠난 지 얼마나 되었지?"

"3월에 떠났으니 벌써 아홉 달이나 집을 비웠는 갑소."

"휴우, 자식 걱정하다가 어머님이 돌아가신 거나 아닌지 모르겠군."

"마누라하고 자식들이 밥이나 굶지 않았나 모르것소."

안용복과 박어둔의 상처가 아물자, 다찌바나가 동래부사에게 연락하여 사신이 도착했음을 알렸다.

"먼 길에 노고가 많으시오."

"예, 귀국의 전하께서도 평안하신지요?"

"물론이오. 그런데 사신이 올 때도 아닌데 어쩐 일로 오시었소?"

"조선 어민 두 사람이 우리 나라 땅으로 떠내려와 데리고 왔습니다."

"오, 그렇소? 대마도주에게 고맙다고 전해 주시오."

"그리고 이 서찰을 귀국의 전하께 전해 주시기 바랍니다."

"이것이 무엇이오?"

"말씀드리기는 좀 뭣합니다마는, 조선의 백성들이 빈번히 우리 나라 땅으로 넘어 들어와 고기를 잡아가고 있습니다. 그래서 이를 금지시켜 달라는 우리 도주의 서찰입니다."

"그렇소? 왜관에 가서 기다리면 조정에 보고한 후 답서를 받아 드리겠소."

"고맙습니다. 그럼 왜관에서 기다리겠습니다."

안용복과 박어둔을 넘겨 받은 동래부사는 다찌바나의 말만 믿고 안용복의 이야기는 들으려고도 하지 않았다. 그리고는 두 사람을 옥에 가두고 대마도주의 서찰을 급히 조정으로 보냈다.

〈숙종실록〉에 기록된 서신의 내용은 다음과 같다.

조선의 어부들이 해마다 죽도에 배를 타고 와 고기를 잡아 가므로 죽도가 일본 섬이라는 것을 자세히 알려 주고 다시는 오지 말라고 하였습니다. 그런데 올봄에 다시 40여 명이 들어 와서 고기를 잡았습니다. 그 중 두 명을 잡아와서 죽도를 침범 하였다는 증거로 하였습니다. 이제 두 명을 돌려보내 드리오니 앞으로는 절대 죽도에 조선 어부들이 배를 대지 못하도록 하시 기 바랍니다.

한편, 서찰을 받은 조정에서는 숙종 임금을 모시고 어전 회의를 열었다.
"왜가 보낸 서찰에 대해 경들은 어떻게 생각하시오?"
"지금 왜가 죽도라고 말하는 것은 바로 우리의 울릉도입니다. 만약에 우리가 이를 흐지부지하여 저들의 백성이 들어가 살게 된다면 어찌 뒷날의 큰 걱정거리가 아니겠습니까? 죽도가 울릉도임을 명확히 밝혀서 다시는 저들이 넘보지 못하도록 해야 할 줄로 아뢰오."
사신 접대를 맡았던 홍중하가 말했다.
"또 다른 의견은 없소?"
"신 좌의정 목래선 아뢰오."
"말씀하시오."
"왜인들이 들어가 살고 있는지는 알 수 없으나, 울릉도는 이미 300년 동안 버려 둔 땅입니다. 이제 와서 혼란을 일으키고 이웃 나라와 우호 관계를 상실하는 것은 좋은 계책이 아닌 줄로 아뢰오."

"신 우의정 민암 아뢰오."

"말씀하시오."

"좌의정 말이 옳은 줄로 아뢰오."

이 때 홍중하가 거듭 말하였다.

"아니 되옵니다. 울릉도는 지도에도 기재되어 있고, 역대 임금으로부터 물려받은 땅인데 이제 와서 남에게 넘겨 준다는 것은 당치 않은 줄로 아뢰오."

좌의정이 다시 말하였다.

"그 섬은 오래 내버려 두어서 우리 나라 사람이 살지 않은 지 오래입니다. 그리하여 왜가 그 섬을 점령한 지 이미 오래되었는데, 이제 와서 우리 땅이라고 한다면 이로 말미암아 싸움이 일어날지도 모르옵니다. 우리는 다만 그 이름만 가지고 있으면 되오니 우리 나라는 울릉도로써 그 이름을 보존하고, 죽도는 왜의 땅이라고 해 주는 것이 좋을 줄로 아뢰오."

"그렇다면 울릉도는 우리 땅이고, 죽도는 일본 땅이라는 말이오?"

"그러하옵니다. 어차피 우리 나라 백성들이 사는 것도 아니니, 여러 책에 '울릉도는 우리 땅이다.'라는 기록만 있으면 되지 않겠사옵니까? 실제로 그 땅에 누가 사는지는 그리 중요하지 않은 줄로 아뢰오."

이에 임금이 말하였다.

"좌의정의 말이 좋다고 생각되오. 그러니 예조 판서는 지금 논의된 대로 속히 답서를 작성하여 부산에 머물고 있는 왜의 사신에게 전달해 주도록 하시오."

〈숙종실록〉에 기록된 답서의 내용은 다음과 같다.

우리는 비록 우리 나라 땅인 울릉도라 할지라도 멀기 때문에 못 가게 하고 있습니다. 그런데 우리 백성들이 감히 일본 땅인 죽도에 들어가 번거롭게 했습니다. 그런데도 이들을 데려다 주셨으니 고맙습니다. 앞으로는 어부들에게 죽도에 가지 못하도록 엄명을 내리겠습니다.

역관 박재홍에게서 답서를 전달받은 다찌바나가 물었다.

"죽도를 우리 땅으로 인정해 주고 다시는 조선 백성이 죽도에 못 가도록 하겠다는 내용은 아주 좋습니다. 그런데 아무 상관도 없는 울릉도는 왜 여기에 집어넣었습니까?"

"우리 나라도 역시 바다로 나가는 것을 엄하게 금지하고 있다는 것을 밝히기 위함이오."

"무슨 소리요? 임진난 이후부터 우리 일본이 울릉도를 점령하고 있다는 사실은 조선의 이수광이 지은 〈지봉유설〉에도 나오지 않소?"

"〈지봉유설〉 가운데 분명히 나오기는 합니다. 그러나 그것은 잘못된 것이오. 임진난 때 우리 나라의 모든 마을이 일본 병사에 의해 점령되었습니다. 어찌 유독 울릉도 한 섬만 점령되었겠습니까? 그러나 일본 병사가 패하여 돌아가고 잃었던 땅도 모두 되찾았기 때문에 울릉도도 그 되찾은 땅 속에 당연히 포함되어 있는 것입니다. 또한 〈지봉유설〉에 들어 있다는 것만으로는 일본 땅이라는 증거가 되지 않습니다. 조정의 공문서도 아니고, 한 글쟁이가 제대로 알지도 못하고 쓴 것을 가지고 어찌 분명한 증거라고 할 수 있겠습니까?"

"하여튼 죽도는 죽도고 울릉도는 울릉도인데, 왜 여기에 울릉도를 집어넣었습니까? 빼 주시오."

"못 뺍니다."

박재흥과 다찌바나는 날이 저물도록 언쟁을 했지만, 아무런 결론도 내리지 못했다. (춘관지)

다음 날도 해가 뜨자마자 다시 말싸움이 시작되었다.

"그런데 울릉도와 죽도는 거리가 얼마나 됩니까?"

"울릉도는 들었지만 죽도는 들어 본 적이 없소."

"나도 죽도는 들어 보았지만 울릉도는 들어 본 적이 없소. 울릉도의 섬 형태는 어떠합니까?"

"당신은 〈동국여지승람〉이라는 책도 보지 못했소? 세 봉우리가 높이 서 있답니다."

"허허. 거참, 이상하다. 죽도에도 세 봉우리가 있는데."

이처럼 말싸움만 계속되고 진전이 없자, 다찌바나는 조선 측의 답서를 베껴 가지고 대마도에 가서 받아 가도 좋을지를 물어 보게 하였다. 그러나 대마도주가 이처럼 애매 모호한 답서를 받아 오라고 할 리가 없었다.

대마도주의 뜻을 알게 된 다찌바나는 역관 박재홍을 불러 말했다.

"우리 도주께서 이 답서를 받을 수가 없다고 하니, 조정에 다시 말씀드려서 울릉도를 빼 주기 바라오."

"부탁컨대 사신은 양해하시기 바라오. 지금 당신의 말을 우리 조정에 전하면 큰 난리가 날 것이오. 왜냐하면, 당신들이 말하는 죽도는 사실 조선의 울릉도요. 우리가 어찌 그것을 모르겠소. 당신네들이 울릉도에 왕래한다는 사실을 우리가 몰라서 가만히 있었겠소? 다만 빈 땅이기 때문에 가만히 있었던 것이오. 지금 우리 조정에서는 당신들의 서찰을 놓고 의견이 분분하오. 그런데 어떤 사람이 그 섬은 오래 버려 둬 사람이 살지 않아 일본 사람이 이미 그 섬을 점령해 버렸으니, 이제 와서 우리 땅이라고 하면 양국간에 싸움이 일어날지도 모른다고 하면서 그 이름만 보존하면 된다고 하였소. 그래서 그러한 답서를 만들게 된 것이오. 만약 사신께서 꼭 울릉도를 빼 달라고 하면, 오히려 조정에서 죽도와 울릉도는 동일한 섬으로 조선의 것이라고 답서를 고칠 수도 있소. 그러니 우리는 울릉도로써 그 이름을 보존하고, 당신네 나라는 죽도로써 일본의 땅이라고 한다면 서로 좋지 않겠소? 우리 나라가 어찌 그 섬에 욕심이 있어서 그러겠소? 일본이 죽도를 이용할 수만 있다면, 비록 울릉도라는 이름이 우리 나라에 있더라도 무슨 문제가 되겠소? 여기서 더 이상 고집을 부리면 우리 나라가 비록 약하다고는 하나 결코 가만히 있지만은 않을 것이오."

* * *

"그래서 어떻게 됐어요?"
"역관인 박재흥의 말에 넉 달 동안이나 버티던 다찌바나도 하는 수 없이 귀국하였단다."
"아아, 그래서 울릉도를 안 빼앗겼구나."
"아니란다. 이와 같은 보고를 들은 대마도주는, '죽도와 울릉도는 같은 섬이다. 그런데 조선에서 마치 다른 섬인 것처럼 꾸미고 있으니 앞으로 문제가 될 수 있다. 그러니 이번 기회에 완전히 일본 땅으로 만들어 버려야 한다.'고 결심하게 되지. 그리고는 다찌바나를 다시 조선으로 보낸단다."
"그래서요?"
"〈죽도기사〉나 〈통항일람〉이라고 하는 일본 책을 보면, 이때 다찌바나가 다시 들고 온 편지의 내용이 자세히 적혀 있단다."
"뭐라고 되어 있는데요?"

"'죽도는 옛날부터 일본에서 지배해 왔는데 조선측에서 한 번도 이의를 제기한 적이 없습니다. 그런데 갑자기 이번에 조선의 섬이라고 하니 중대한 일이 아닐 수 없습니다. 따라서 급하게 이 서장을 다시 보내니 지난번 써 준 답서에서 울릉도라는 문자만 삭제하고 다시 만들어 보내 주십시오.'라고 되어 있단다."

"너무 기가 막혀서 말이 안 나오네요. 그래서 어떻게 되었나요?"

"이 때 조선은 숙종이 장희빈의 꾐에 빠져 인현왕후를 내쫓은 것을 후회하고 있었단다. 이러한 때에 소론에서 인현왕후의 복위를 꾀하다가 당시 우의정이던 민암 등에게 들켰단다. 이에 민암은 좋은 기회라고 생각하고는 소론의 뿌리를 뽑으려고 하였지. 그러나 인현왕후를 불쌍하게 생각하고 있던 숙종은 오히려 민암에게 사약을 내려 죽게 하고, 민암과 같은 남인을 모조리 귀양 보낸 후에 소론을 등용했단다."

"너무 어려워요."

"그래, 중학생은 되어야 학교에서 배우게 될 거야."

"그래서 어떻게 됐어요?"

"새로 영의정이 된 소론의 남구만이 '지난번 왜에게 보낸 답서는 그 내용이 모호하니 마땅히 사신을 파견하여 그 답서를 도로 받아 오고, 책임자를 벌주셔야 할 줄로 아옵니다.' 하고 임금에게 청했단다."

"그래서 숙종 임금이 허락했나요?"

"물론이지."

"그리고는요?"

"조선에 정변이 일어나 강경파가 자리잡고 있는 줄도 모르고 일본 사신은 오히려 울릉도를 삭제해 달라는 서찰을 가지고 온 거지. 이에 숙종은 유집일을 대표로 하여 강경하게 대응하도록 했단다."

혹 떼러 왔다가 혹 붙이다

　임금의 명을 받고 동래로 내려간 유집일은 그 때까지 옥에 갇혀 있던 안용복을 심문했다.
　"너는 어떻게 하여 왜국에 가게 되었느냐?"
　"울릉도에 갔더니 왜인들이 고기를 잡고 있어서 왜 남의 나라에서 고기를 잡느냐고 호통을 쳤습니다."
　"잘 했구나."
　"그랬더니 자기들이 무슨 증명서를 가지고 있다고 하기에 확인하려고 왜국까지 갔던 것입니다."
　"그래서 증명서를 확인하였느냐?"
　"증명서는 무슨 증명서입니까? 오히려 울릉도는 일본 땅이 아니라는 서장까지 받아 냈습니다."
　"저런, 아주 잘 했구나. 그런데 그 서장은 어디 있느냐?"
　"그 서장을 가지고 오다가 나가사키에서 대마도주가 보낸

놈한테 빼앗겼습니다."

"자세히 이야기해 보아라."

"예, 사실 막부에서는 울릉도를 왜국 땅이라고 생각하지 않습니다. 그래서 제가 호키슈에 갔을 때까지만 해도 태수가 극진히 대접해 주었습니다. 그런데 나가사키로 가니까 오히려 서장을 빼앗으면서 울릉도가 왜국 땅이라고 했습니다. 소인이 완강하게 울릉도는 조선 땅이라고 하자 소인을 대마도주에게 넘겼는데, 대마도주는 한술 더 떠서 저보고 일본 땅인 죽도에 들어온 것을 자백하라고 고문까지 했습니다."

"고생이 많았겠구나."

"그런데 여기서도 이렇게 옥에 가두어 놓고 풀어 주지 않으니 억울하기 그지없습니다."

"내가 바로 조정에 보고하여 풀어 주도록 하마."

"지금 울릉도가 왜국 땅이라고 우기는 것은 대마도주의 흉계에 불과합니다. 막부에서는 울릉도가 일본 땅이 아니라는 서장까지 써 주었습니다. 그런데 대마도주가 오히려 조선 땅이 아니라는 서찰을 받아 간다면 막부의 장군이 포기한 것을 자신이 되찾아온 격이 되지 않겠습니까? 순전히 대마도주가 자신의 공적을 크게 하려고 흉계를 꾸미고 있는 것입니다."

"그렇구나. 그 동안 고생이 많았다. 내 곧 풀어 주도록 할 테니 조금만 더 참거라."

이러한 유집일의 보고를 들은 조정에서는 강경한 내용의

답장을 쓰게 하였다.

우리 나라 동해 가운데 울릉도라는 섬이 있습니다. 바람이 세차고 물결이 험하여 오래 전에 백성들을 이주시키고 비워 두었지만, 때때로 관리를 보내 살펴보게 하였습니다.
그러다가 이번에 우리 나라 어민들이 이 섬에 갔는데 뜻밖에도 일본 사람들이 있어 서로 다투었다고 합니다. 그런데 오히려 그들이 우리 백성들을 붙잡아갔습니다. 다행히 막부의 장군이 이들을 돌려보내 주었습니다.
원래 우리 나라 백성이 고기를 잡은 곳은 울릉도입니다. 대나무가 많이 나기 때문에 죽도라고도 하지만, 이는 한 섬에 두 개의 이름이 있는 것에 불과한 것으로 일본 백성들 또한 잘 알고 있는 사실입니다. 그러니 울릉도가 조선 땅이라는 사실을 막부에 보고하고, 앞으로는 일본 어부들이 울릉도에 오지 못하도록 해야 할 것입니다. (숙종실록)

그러나 일본 사신은 이 답서를 받지 않았다고 한다. 그리고는 이듬해인 1695년 6월까지 부산 왜관에 머물면서 막무가내로 자신들이 요구한 대로 1차 답서에서 '울릉'이라는 글자만 삭제해 달라고 요구하였다.
그러는 동안 대마도에서는 도주가 죽고 그의 동생이 도주의 직위를 이어받았다.

막부에서는 울릉도 문제로 조선과 시끄럽게 되는 것을 원치 않았기 때문에 조선에 간 사신을 귀국시키라고 하였다.

귀국하라는 명을 받은 다찌바나는 동래부사에게 다음과 같은 편지를 보냈다.

동래부사는 보시오.

조선에서는 말하기를, 때때로 울릉도에 관리를 보내 살펴보았다고 했는데, 우리 나라 어부들도 해마다 죽도에 가서 고기를 잡고 전복을 땄습니다. 따라서 조선이 실제로 관리를 파견한 적이 있다면 당연히 우리 어부들과 울릉도에서 만났어야 합니다. 그러나 우리가 고기를 잡기 시작한 지 81년이나 되었지만, 지금까지 한 번도 조선의 관리를 만난 적이 없으니 조선이 관리를 파견했다고 하는 사실은 도무지 믿을 수 없습니다.

그리고 또 우리 일본인이 국경을 넘어가 침범했다고 하는데, 그 동안 죽도에 갔던 우리 어부가 떠내려가 조선에서 도로 돌려보내 준 것이 세 번이나 됩니다. 그러니 우리 일본의 어부들이 그 섬에서 고기를 잡는다는 사실을 조선이 충분히 알 수 있었을 텐데 그 동안 왜 가만히 있었습니까?

아울러 조선의 답서에 한 섬, 두 이름의 형상은 책에 나와 있을 뿐만 아니라 우리 나라 백성 또한 잘 알고 있다고 했는데, 도대체 책에 나와 있고 우리 백성들도 잘 알고 있다면서 첫 번째 답서에 '너희 죽도, 우리 울릉도'라고 쓴 것은 또 무슨 말입니까? 그 때는 '너희 죽도, 우리 울릉도'라고 쓰고 지금에 와서는 한 섬, 두 이름이라고 하는 게 말이나 됩니까?

지금으로부터 82년 전에 우리 태수가 동래부사에게 서찰을 보내 기죽도에 가겠다고 한 적이 있습니다. 그 때 부사가 말하기를, 기죽도는 바로 우리 나라의 울릉도인데 비록 지금 황폐하게 되었다고 하더라도 어찌 다른 나라 사람이 차지하도록 하겠느냐라고 하였습니다. 그 재답서도 또한 마찬가지였습니다. 그런데 78년 전에 우리 나라의 어민이 죽도에 가서 고기를 잡다가 험한 파도를 만나 조선 땅에 이르렀을 때, 조선이 우리 나라에 서찰을 보내어 말하기를, 일본 어부 7명이 붙잡혔는데 그 이유를 물은즉 울릉도에 가서 고기를 잡다가 폭풍을 만나 떠내려왔다고 해서 이제 돌려보낸다고 하였습니다. 왜 82년 전에는 다른 나라 사람이 차지하면 안 된다고 했다가 78년 전에는 울릉도에 가서 고기를 잡았다고 했는데도 아무 말 없이 그대로 돌려보냈습니까? 앞뒤가 안 맞지 않습니까?

이상 네 가지 사항에 대해 답변해 주시기 바랍니다.

1695년 6월 10일 (숙종실록)

이 편지를 받은 동래부사는 난처해하며 다음과 같은 답장을 보냈다.

관리를 파견하여 오고 가게 한다는 것은 우리 나라의 〈여지승람〉에 나옵니다. 또한 당신네 나라 사람도 말하기를, 〈여지승람〉을 보니 울릉도는 과연 조선 땅이 확실하다고 하였습니다. 다만 요즘에 와서 관리가 항상 왕래하지 않고 있을 뿐입니다. 또 우리 나라 어부들을 못 가게 하는 이유는 풍파의 위험이 있기 때문이지 우리 나라 땅이 아니기 때문은 아닙니다.

82년 전, 울릉도를 수색하지 못하게 한 것은 당신들이 그 땅을 정탐하여 침범하고자 하는 뜻이 있음을 알았기 때문이고, 떠내려온 어부들을 순순히 보내 준 것은 물에 빠져 죽고 남은 자들이 돌려보내 줄 것을 애걸하였기 때문입니다. 이는 우호국 사이에 당연한 조치입니다. 그러므로 이것을 가지고 우리 땅을 침범한 것을 허용한 것이라고 할 수는 없습니다.

1693년의 1차 답서에 죽도와 울릉도가 두 섬인 것처럼 기술되어 있으나, 이건 당시 답서를 쓴 사람이 잘 몰라서 그랬던 것입니다. 현재 우리 조정에서도 그 잘못을 추궁하고 있습니다.

이제 대마도에서 1차 답서를 가지고 와서 고쳐 달라고 하므로 우리 조정에서는 이러한 청을 받아들여 처음의 실수를 바로잡은 것입니다. 1차 답서는 잘못된 것이기 때문에 새로 고쳐서 써 보냈으니 더 이상 언급하지 않기를 바랍니다.

1695년 6월 12일
조선국 동래부사 (숙종실록)

다찌바나는 다시 동래부사에게 서찰을 보냈다.

   지금 때가 어느 때인데 200년 전의 〈동국여지승람〉이라는 책을 가지고 옳고 그름을 논하려고 하십니까? 죽도가 우리 나라에 속함은 80년 전부터의 일이며, 우리 나라 어민이 매년 죽도에 가서 고기잡이를 했지만 한 번도 당신네 나라의 관리와 그 섬에서 마주친 적이 없었습니다.
   이수광이 지은 〈지봉유설〉의 내용을 가지고 한 섬, 두 이름이라고 주장하고 있는데, 이 책에 따르면 근래 왜인이 울릉도를 점령하고 있다는 말이 있습니다. 그렇다면 일본인들이 점령했다는 것을 알고도 가만히 있었던 것입니다. 말하자면, 당신네 나라가 80년 동안 이 섬을 버려 둔 채 우리 일본인들이 들어갈 수 있도록 한 것입니다. 지난날에는 가만히 있다가 이제 와서 경계를 침범했다고 하니 말이나 되는 소리입니까?
   그리고 제1차 답서가 잘못되었다고 했는데 이번의 답서 또한 사실과 다릅니다. 더욱이 당신네 나라는 지금 1차 답서를 작성한 개인에게 죄를 돌리면서 1, 2차 답서 중 앞뒤가 서로 맞지 않는 부분을 감추고자 하고 있습니다. 당신들이 작성해 준 답서는 우리 조정에 보고할 가치조차 없다고 생각합니다.

                                     1695년 6월 15일
                            일본국 사신 다찌바나 (일. 본방조선왕복서)

이러한 서찰을 보낸 다찌바나는 대마도주의 소환 명령을 받고 6월에 대마도로 돌아갔다. 답서를 수정해 달라고 온 지 거의 1년 만의 일이었다.

당시 조선과 일본 사이에는 사신들의 체재비를 쌀로 부담하도록 되어 있었다. 그러나 다찌바나는 조선에서 지급하려고 하는 체재비 1860석을 하나도 받지 않고 돌아갔다.

* * *

"일본이 울릉도를 빼앗기 위해 얼마나 악착같이 달려들었는지 안 봐도 알 것 같아요. 일본 사람들의 악착스러움에 소름이 끼쳐요, 할아버지."

"그래. 그러한 일본 사람들에 비하면 우리 나라 사람은 당시나 지금이나 악착스러운 면도 부족하고, 생각 없이 아무 말이나 막 하고……. 아마 지금도 일본 사람들은 우리 나라 사람들이 하는 말을 꼼꼼히 적어 두었다가 나중에 앞뒤가 안 맞는다고 공격해 올지도 모르지. 그런데도 그런 생각들은 조금도 못 하고 있으니……."

"그런데 할아버지, 아무튼 남인이 물러나고 소론이 들어선 건 아주 잘 된 일이네요."

"그렇지. 만약 남인이 계속 정권을 잡고 있었다면 대마도주는 뜻을 이루었을지도 모르고, 그렇게 되었다면 지금 우리는 울릉도에 갈 수 없겠지."

"울릉도 오징어도 못 먹구요."

"그렇지, 그렇지."

"일본 사신이 돌아가고 난 후에는 일본 사람들의 욕심을 잘 알게 되었을 테니까 방비를 철저히 했겠네요?"

"그랬다면 오죽이나 좋았겠나? 하지만 일본에게 그렇게 당하고도 정신을 못 차렸단다. 대마도의 사신이 욕심을 이루지 못하고 돌아가자 당시 조선에서는 다시 임진왜란과 같은 난리가 일어날 것이라는 소문이 나돌았지. 하지만 소문에 떨기만 했을 뿐 국방력을 튼튼히 한다든가 울릉도에 대한 방비를 철저히 한다든가 하는 조치는 전혀 취하지 않았으니……."

울릉도를 되찾다

 비록 음모는 이루지 못했지만, 대마도주는 막부의 지시대로 일단 안용복 일행을 조선으로 돌려보냈기 때문에 그 해 10월에 막부의 명을 이상 없이 수행했다고 보고하였다. 이 보고를 들은 막부의 장군 도쿠가와는 호키슈 태수 등과 죽도 문제를 논의했다. (일. 조선통교대기)
 "죽도는 거리가 얼마나 되는가?"
 "호키슈로부터는 160린데 비해 조선으로부터는 40리 정도입니다."
 "그렇다면 조선이 훨씬 가깝군."
 "예, 그렇습니다."
 "죽도의 산물로는 뭐가 있나?"
 "느티나무와 향나무가 좋고 대나무와 검정 박달나무가 납니다. 또 전복이 많이 나기 때문에 해마다 막부로 진상을 하고 있습니다."

"이익은 많이 올리나?"

"오타니가와 무라카와가가 해마다 교대로 가서 고기를 잡고 있는데, 어느 해는 이익이 좀 있고 또 어느 해는 거센 파도를 만나서 큰 손해를 본다고 합니다."

"언제부터 고기를 잡기 시작했는가?"

"원화 4년이니까 78년 되었습니다."

"오타니가와 무라카와가는 죽도에서 고기 잡는 것으로만 생업을 걸고 있나?"

"그렇지는 않습니다. 동해상에서 많은 고기를 잡고 있습니다."

"으음, 그렇다면 죽도에서 고기를 잡지 않아도 큰 타격은 없겠군. 아베야."

"예."

"대마도주에게 내 뜻을 전하도록 하라."

"예."

"힘으로 빼앗자면 못 뺏을 것도 없지만, 작은 섬 하나 때문에 이웃 나라와 우의를 잃는 건 바람직하지 못하지 않느냐."

"그렇습니다."

이렇게 하여 장군의 지시를 받은 아베는 대마도주의 아버지를 불러 다음과 같이 전달했다.

죽도 땅이 일본에 속한다고 해도 아직 우리 일본인이 거주

한 적이 없다. 태덕군 시대에 요나코의 상인이 그 섬에서 고기를 잡을 것을 청하여 이를 허용했던 것뿐이다. 지금 그 거리를 재어 보건대 일본으로부터 160리 정도, 조선으로부터 40리 정도이다. 따라서 그들의 땅이라고 보는 게 옳을 것이다.

우리 나라가 힘으로써 이를 빼앗고자 한다면 빼앗지 못할 바도 아니지만, 쓸모 없는 작은 섬을 가지고 이웃 나라와의 우의를 잃는 건 바람직하지 않다. 애당초 이 섬을 그들로부터 빼앗은 것도 아니니, 이제 와서 돌려준다고 할 것도 없다. 다만 지금부터 죽도 출입을 금지하기만 하면 된다.

막부의 뜻이 이러하니 작은 섬을 가지고 서로 다투어 싸움이 그치지 않는 것보다는 서로 평안함이 상책이다. 이러한 취지를 조선국에 통보하라. (일. 조선통교대기)

대마도주의 아버지에게 이와 같은 명을 내린 막부는 호키슈 태수에게 다시 다음과 같은 서찰을 보냈다.

과거에 호키슈 태수의 요청으로 호키슈 요나코 촌의 어부 무라카와와 오타니에게 죽도에 가서 고기 잡는 것을 허락하여 이제까지 고기를 잡아 왔다. 그러나 앞으로는 죽도에 가는 것을 금지하니 착오 없도록 하라.

1696년 1월 28일

추신 : 이 서찰을 무라카와와 오타니 양가에 전하여 죽도에 가는 것을 정지시킬 것.

하지만 막부의 결정을 조선에 통보하라는 명령을 받은 대마도주는 처음부터 이 명령에 승복할 생각이 전혀 없었다. 그래서 차일피일 통보를 미루면서 새로운 기회가 오기만을 기다렸다.

일본으로 쳐들어가다

　유집일의 도움으로 풀려난 안용복은 도무지 조정의 조치가 마음에 들지 않았다. 자신은 강토를 지키기 위해 죽음을 무릅쓰고 일본 땅에까지 가서 울릉도가 조선의 땅임을 당당하게 주장하고 왔는데, 조정에서는 '울릉도는 조선 땅이요, 죽도는 일본 땅'이라고 말장난이나 하고 있으니 분통이 터질 노릇이었다. 더군다나 일본 사신 다찌바나에게 질질 끌려 다니며 농락당하고 있는 모습을 보니 한심하기 짝이 없었다.
　그는 박어둔에게 한 번 더 일본에 가서 끝장을 내고 오자고 이야기하였다. 그러나 박어둔은 지난번의 고생만도 지긋지긋하다며 거절하였다. 안용복은 할 수 없이 고향으로 가서 기회만 엿보고 있었다.
　그러던 어느 봄날, 안용복은 바닷가에 매여 있는 한 척의 상선을 발견하고는 선주를 찾아갔다.

"이 배의 선주는 누구십니까?"

"납니다마는, 댁은 뉘시오?"

"이 동네에 사는 안용복이라고 합니다."

"아, 그렇소. 나는 송광사에 있는 뇌헌이라는 중이오."

"아, 그럼 스님이시군요. 그런데 이 배는 어디로 갈 예정인가요?"

"뭐, 장삿배가 가는 곳이 따로 있나요. 돈 되는 곳이라면 어디나 가지요."

"혹시 울릉도에 가 본 적이 있습니까?"

"없소만……."

"울릉도는 여기와 달리 진귀한 물건이 많이 납니다. 검정 박달나무, 향나무 그리고 솥뚜껑만한 전복 등 이루 말로 다 할 수 없을 정도입니다."

"그렇다면 한번 가 봅시다. 그런데 관에서 허가를 받아야 하지 않겠소?"

"물론이지요. 마침 관에 내가 아는 사람이 있으니 허가를 받아 오겠소."

"그거 잘 됐소. 그럼 그 문제는 안 형이 책임지시오."

뇌헌과 울릉도로 고기 잡으러 가기로 약속한 안용복은 마음 속으로 생각했다.

'이번에 또다시 일본에 갔다 오면 조정에서 나를 죽일지도 모른다. 그러니 사전에 준비를 철저히 해서 울릉도가 조선의 섬이라는 확증을 받아 오지 않으면 안 된다. 지난번엔 왜놈들이 내가 조선의 사신이 아니라고 윽박질렀는데, 그렇다면 이번에는 사신으로 위장하고 가야겠구나. 어떻게 위장을 한다? 그렇지, 높은 사람이 입는 관복을 준비하고 배에는 사신 깃발을 달고 가야겠다. 그래, 어차피 목적한 바를 이루지 못하면 관복까지 입고 관리처럼 행세한 죄로 정말 죽임을 당할 것이니, 죽기 아니면 까무러치기다.'

생각이 이에 미치자, 안용복은 바로 이인성을 찾아갔다.

"인성이, 요새 어떻게 지내나?"

"그냥 지내지. 자네는 옥살이한 후유증이 어떤가?"

"요즘도 날씨만 찌뿌드드하면 무릎이 쑤신다네. 그건 그렇고, 지난번에 내가 이야기한 거 있지?"

"뭐? 왜국에 가자는 거?"

"그래, 배가 마련되었는데 자네도 준비하지."

"언제 출발하는데?"

"한 사나흘 준비해 가지고 열이렛날쯤에 출발하려고 해. 너무 늦으면 장마철이 되고 또 큰 바람도 올라올 테니까."

"알았어. 그런데 정말 왜국에 가도 별 문제 없는 거지?"

"그러니까 자네가 가야 하는 거야. 자네가 가서 훌륭한 글솜씨로 대마도주의 죄상을 고발하면 자네나 나나 장군에게 큰 상을 받을 거야. 거기다가 호키슈 태수가 각종 진귀한 보물을 배에다 가득 실어 줄 테니 한몫 단단히 잡는 거지. 이번에 울릉도만 우리 것으로 완전히 인정받아 오면 우리 조정에서도 가만있지만은 않을 걸세."

"벼슬이라도 하나 주었으면 좋겠는데……. 참, 왜놈들이 지난번엔 은덩이를 주었다며?"

"은덩이야 도로 돌려주었지만, 서장과 진귀한 예물 등은 가지고 올 수도 있었는데……."

"그러니 이번에는 나가사키로 가지 말고 바로 돌아오자구."

"알았어. 한 번 실수하지 두 번 하겠나?"

"지난번에 얘기할 땐 울릉도말고 다른 섬도 있다고 했는데, 거기는 어떤가?"

"응, 자산도라고 있는데 울릉도의 새끼섬이지."

"새끼섬?"

"응, 온통 바위로 된 섬인데 고기 반, 물 반이야."

"거기도 가는 건가?"

"가 봐서……. 그런데 참, 자네!"

"왜?"

"얘기가 나와서 말인데, 준비해 가지고 갈 게 좀 있네."

"뭔가?"

"이번에도 틀림없이 울릉도에 왜놈들이 와 있을 테니, 조정의 관리라는 표시를 해 가지고 가야겠네."

"괜찮을까?"

"나만 믿게. 그리고 자네 집에 광목 있지?"

"지난번에 이불보 하려고 사 놓은 게 있지."

"그래. 거기다가 '조선의 울릉도·자산도 감독관의 기'라고 큼직하게 써 놓게."(일. 죽도고)

"뭐 하게?"

"그걸 깃발로 달고 가게. 그리고 쓰는 김에 '배 꼬리에서 일어나 무성한 벼 이삭을 바라보니 다시 돌아갈 고향의 농사철이 생각난다(起船尾見盛稻 又故鄕思農時).'라는 시도 별도로 하나 더 써 놓게."(일. 죽도고)

"그건 밑에다 달고 가겠다는 것이로구먼."

"그렇지! 역시 많이 배운 사람은 달라, 하하하."

"알았어, 내가 근사하게 진짜같이 쓰지."

"자네가 쓰면 진짜보다 더 낫지, 하하하."

"하하하, 자네에겐 못 당하겠네. 곰보 구멍 하나하나에 꾀만 들어 있는 것 같아."

"또 곰보 소리! 내 앞에서 다시는 곰보 소리 하지 말라고 그랬지?"

"아! 미안, 미안!"

이렇게 만반의 준비를 갖추고 1696년 5월 12일에 배를 띄우자, 순풍이 불어 사흘 만에 울릉도에 다다를 수 있었다. 마침 그 때 울릉도 근처에서 일본 배들이 고기를 잡고 있었다.

이것을 본 안용복이 곧장 어부들에게 지시를 내렸다.

"어서 이 깃발을 배에 걸어라."

"이게 뭡니까?"

"저 왜놈들을 쫓아 버리려면 이게 필요하다. 너희들은 이제부터 조선의 관리처럼 당당하게 행동해야 한다. 모든 일은 내가 책임진다. 선주님께서는 벼슬을 금오승장이라고 하십시오."

"저놈들을 몰아 내야 우리가 고기를 잡을 테니 그렇게라도 해야죠. 중이 팔자에도 없는 벼슬을 하게 되었네."

"인성이 자넨 군관 이 비장일세."

"알았네."

"성길이 너는 김 비장."

"네."

"순립이 너는 대솔 김 사공이다."

"알았습니다."

"나머지는 전부 대솔인데 봉석이는 유격솔, 일부는 유한부, 승담이는 담법주, 연습은 습화주, 영률은 율화주, 단책은 책화주다." (일. 죽도고)

"알았소이다."

이윽고 안용복의 배가 울릉도 해변 가까이에 접근했다.

안용복이 나지막이, 그러나 단호하게 명령했다.

"배를 저쪽으로 붙여라!"

"왜놈들이 우리보다 수가 더 많은데……."

"괜찮아! 너희들은 당당하게만 굴면 된다."
"알았소."
안용복이 앞으로 나서며 큰 소리로 호통쳤다. (숙종실록)
"여기는 본디 조선 땅인 울릉도인데 너희들은 누구냐?"
"우리는 요나코에서 온 사람들이오."
"어찌 왜인이 경계를 넘어 남의 땅에 들어와서 고기를 도적질해 가느냐? 이 깃발을 보아라! 나는 조선의 울릉도·자산도 감독관이다. 너희들을 국경 침범 죄로 묶어야겠다. 여봐라, 저 왜놈들을 모두 묶어라!"
"우리는 송도에 사는데 우연히 고기를 잡으러 왔다가 여기까지 오게 된 것이오. 지금 돌아가려고 하오."
"송도라면 우리 자산도 아니냐? 자산도 역시 우리 조선 땅인데 너희가 거기에 산다는 말이냐? 헛소리 말고 지금 당장 너희 나라로 돌아가라. 그렇지 않으면 모두 묶어서 끌고 갈 것이다."
"알았소."
안용복의 기세에 놀란 일본 어부들은 황망히 돛을 올리고 동남쪽으로 사라져 갔다. (숙종실록)
멀리 수평선 쪽으로 사라져 가는 일본 배들을 보며 안용복은 생각했다.
'음, 저 간사한 놈들이 아주 가지 않고 자산도 근처에서 고기를 잡을 게 분명한데 어떻게 한다? 옳지, 이놈들을 그대로

쫓아가서 혼쭐을 내줘야겠다.'

"선주, 이 곳은 이미 왜놈들이 전복을 다 따 버려서 고기는 좀 있어도 전복은 없을 게 분명하오. 우리가 고기만 잡으러 멀고 먼 이 곳까지 온 건 아니지 않소?"

"그렇소. 고기야 울산 앞바다엔들 없겠소?"

"내 저놈들을 쫓아가 전복을 빼앗고, 저놈들의 선주를 만나 배상금을 받아 드릴 테니 쫓아갑시다."

"괜찮을까요?"

"내 호통 소리에 찔끔해서 삼십육계 놓는 걸 못 보셨소? 걱정 마시오. 자, 우리도 돛을 높이 올리고 저놈들을 쫓아갑시다."

"날이 어두워지는데요?"

"여기서 꾸물거리면 저놈들을 놓치게 되니 바로 쫓아가야 됩니다. 순립아, 동남쪽으로 배를 몰아라."

"알았소."

이튿날 새벽 독도에 다다르자, 아니나다를까 일본 어부들이 바위 틈에 솥을 걸어 놓고 고기를 끓이고 있었다.

안용복이 작대기를 휘두르며 다가가자 어부들이 깜짝 놀라서 허겁지겁 솥을 배에 싣고 동쪽으로 도망가기 시작했다. (숙종실록)

애초의 계획대로 일이 잘 되어 간다고 생각한 안용복은 그

대로 배를 몰아 쫓아갔다. 그러나 하루를 꼬박 쫓아가던 안용복은 돌풍을 만나 방향을 잃고 떠내려가다가 5월 20일에야 겨우 오키도에 닿을 수 있었다. (일. 인부연표)

오키도주가 안용복에게 물었다.

"어찌하여 이 곳에 오게 되었소?"

안용복은 조선의 사신으로서 당당하게 굴어야 한다고 생각했다.

"안녕하시었소, 도주! 3년 전에 내가 이 곳에 와서 울릉도와 자산도 등의 섬을 조선 땅으로 정하고 장군의 서장까지 받아 갔는데, 당신네 나라는 어찌하여 약속대로 하지 않고 또다시 우리 땅을 침범하였소? 이게 섬나라 사람들의 도리요?"

오키도주는 안용복의 당당한 태도에 기가 죽었다.

"무슨 말씀이신지?"

"나는 울릉도·자산도, 두 섬의 감독관으로서 이번에 배 서른두 척을 끌고 울릉도로 고기를 잡으러 왔소. 그런데 일본 배가 와서 고기를 모조리 도적질해 가는 게 아니겠소? 그래서 내가 그 배들을 쫓다가 그만 돌풍을 만나 놓치는 바람에 이렇게 우리만 온 거요."

"저희는 죽, 아니 울릉도에 고기를 잡으러 가지 않았는데요……"

"무슨 소리요? 그럼 우리가 허깨비를 따라왔다는 말이오?"

사실 안용복은 그 때까지 막부에서 일본인들의 울릉도 출입을 금지시켰다는 사실을 모르고 있었다. 그러나 안용복은 오키도주의 태도가 3년 전과 달라진 것을 느끼고 더욱 당당하게 몰아붙였다.

"도주가 모르는데 어떻게 일본 어부들이 울릉도엘 왔겠소?"

"정말 모르는 일입니다. 저희 태수에게 급히 알려 알아보도록 하겠습니다."

"정녕 모르겠다는 말이오?"

"자, 잠깐! 우선 밥부터 드시면서……. 여봐라, 빨리 술상을 대령하지 않고 무얼 하느냐! 천천히 드시면서 말씀하시면 제가 자세히 알아본 후에 조치하겠습니다. 자, 우선 이 술부터 한잔 받으시지요."

안용복은 일행에게 눈짓을 하며 자신들은 조선의 관리라고 태연하게 말했다. 그는 일본 어부들의 침범 실태를 조사하러 왔다고 하면서, 울릉도와 독도에 대한 그들의 침범 실태를 조목조목 따졌다.

그러자 이미 울릉도 출입을 금지시키라는 막부의 명을 받았던 오키도주는 불안감을 느끼고 안용복 일행을 달래려고 하였다. 만약 자신이 명을 어겼다는 사실을 막부에서 알게 되면 자신은 물론 호키슈 태수까지도 살아남지 못할 게 뻔했기 때문이다.

안용복이 따지러 왔다는 사실을 부랴부랴 호키슈 태수에게 보고한 오키도주는 안용복에게 술과 기름진 음식을 대접했다. 그리고는 자신이 알아서 처리할 테니 그대로 조선으로 돌아가라고 하였다. 그러나 안용복은 조금도 물러서지 않았다. (숙종실록)

"도주, 어떻게 된 거요? 지난번에 태수에게 보고했다고 하지 않았소?"

"예, 그렇습니다."

"오늘이 며칠인데 아직도 소식이 없는 거요?"

"예, 조금만 더 기다리시면 곧 소식이……."

"집어치우시오! 막부의 명을 어긴 것이 탄로날까 두려워 나를 여기에 붙잡아 두는 거 아니오?"

"아, 아닙니다. 조금만 기다리시면……."

"그만두시오! 오늘이 벌써 그믐이오. 이 섬에 들어온 지 열흘이나 되어 가는데 아직도 소식이 없다니 말이 되는 소리요? 내가 직접 호키슈 태수에게 가서 따지겠소."

곧바로 선원들을 재촉하여 배를 띄운 안용복은 사흘 만에 호키슈의 아카자키 해안에 도착했다. (일. 인부연표)

안용복은 사람을 보내 조선의 사절단이 왔음을 알리고 가마와 말을 보내도록 하였다. 이 통보를 받은 호키슈 관청에서는 야마자키를 영접관으로 내보내 일행을 맞아들이고는 영빈관에 묵게 하였다. (일. 인부연표)

이 때 안용복은 미리 준비해 온 관복에 검정 갓을 쓰고 가죽신을 신고는 가마를 탔다. 이인성과 뇌헌 등은 말을 타고

위엄 있게 영접관을 따라갔다. (숙종실록)

 안용복 일행을 영빈관에 묵게 한 부태수 히라이는 당시 에도에 가 있던 태수에게, 조선인이 풍랑에 떠내려온 게 아니고 무언가를 따지기 위해 온 것 같다고 급히 보고하였다. 그리고는 안용복과 이인성, 뇌헌을 불러 일본에 온 이유를 자세히 물었다. (일. 어재부일기)

 이 때 안용복과 부태수는 대청에 마주 보고 앉고 다른 사람들은 아래로 나란히 앉았다. (숙종실록)

 "무엇 때문에 우리 나라에 왔습니까?"

 "나는 조선의 울릉·자산, 두 섬의 감독관이고 이쪽은 군관 이 비장이며, 이쪽은 금오승장이올시다. 3년 전에 두 섬의 일로 서장을 받아 내지 않았소?"

 "그런 일이 있었던 것으로 알고 있습니다만……."

 "그런데 대마도주가 그 서장을 빼앗아 중간에서 위조한 뒤 여러 차례 사신을 보내면서 법을 어기고 있으니 어찌 된 일이오?"

 "거기까지는 잘 모르는 일입니다."

 "내가 이번에 온 이유는 장군에게 이러한 대마도주의 죄상을 낱낱이 고하기 위해 온 것이니 그리 아시오."

 "상소문을 지어 주시면 막부로 올리겠습니다."

 "알았소. 우리 군관 이 비장이 상소문을 지을 테니 막부로 보내 장군에게 상소해 주시오."

조선의 울릉·자산, 두 섬의 감독관인 안용복은 일본국 막부의 장군에게 고합니다. 옛날부터 우리 조선국과 일본국은 사이좋게 지내 왔는데, 요즘에는 대마도의 도주가 중간에서 사악한 짓을 일삼아 양국간의 우의가 흐려지고 있습니다.

대마도주가 장군을 속인 일을 몇 가지만 예로 들자면, 쌀 1섬에서 8말을 빼돌리고, 옷감 1필에서는 17자를 빼돌리고, 종이는 1권을 잘라서 3권이라고 속이고 있으니, 이 얼마나 사악한 일입니까? 장군께서는 대마도주가 이처럼 사기를 치고 있다는 사실을 전혀 모르시리라 생각합니다.

바라옵건대 장군께서는 이러한 사실을 명백히 밝히시어 양국간의 우의에 금이 가는 일이 없도록 해 주시기 바랍니다.

1696년 6월 15일 (춘관지)

이러한 상소문을 읽어 본 부태수는 얼굴이 노랗게 질리면서 큰일났다고 생각했다. 그는 상소문을 전달하는 대신 그 내용을 요약하여 막부에 가 있는 태수에게 급히 알렸다.

이러한 보고를 받은 태수는 사람을 시켜 장군의 측근인 오오쿠에게 이를 보고하였다. (일. 어재부일기)

보고를 받은 오오쿠는 이 일이 일대 소동을 가져올 것으로 생각하고는 막부에서 근무하고 있는 대마도주의 아버지에게 빨리 대책을 마련하라고 하였다. 이 이야기를 들은 대마도주의 아버지는 도주인 아들에게, 호키슈로 급히 사람을 보내 사태를 수습하라고 지시했다. 그리고 호키슈에는 대마도에서 사람이 갈 때까지 조선인들과 어떠한 대화도 하지 말고, 가급적이면 바로 조선으로 귀국시키라고 하였다. (일. 어재부일기)

아버지로부터 막부에서 벌어지고 있는 사태를 전해 들은 대마도주는 큰일났다고 생각했다. 올해 초에 막부에서 울릉도를 조선으로 돌려주라는 결정을 내리고 이를 알리도록 하였는데, 아직까지 알리지 않았다는 사실을 막부에서 알게 되면 자신은 살아남을 수 없기 때문이었다. 더군다나 이 일로 조선에서 사신까지 보냈다고 하면 자신만 죽는 것이 아니라 가문마저 천민으로 떨어질지도 모르는 일이었다.

그는 급히 자신의 심복을 찾았다.

"스즈키, 큰일났다!"

"무슨 일입니까?"

"즉시 배를 내어 호키슈로 가거라."

"네."

"가서 무조건 조선인을 돌려보내라."

"네."

"혹시 자세한 사실을 조사하기 위해 나가사키로 보내야 한다는 논의가 있을지도 모르겠다. 하지만 그들을 나가사키로 보내게 되면 내가 아직까지 막부의 명을 이행하지 않고 있다는 사실이 들통날지도 모른다. 그러니 너는 무슨 수를 써서라도 조선인을 나가사키로 보내지 못하도록 해야 한다."

"알겠습니다."

"이 금덩이를 가지고 가서 요긴하게 사용해라."

"잘 알겠습니다."

"지금 당장 출발하거라."

이렇게 하여 대마도주의 특명을 받은 심복 스즈키는 밤낮을 가리지 않고 호키슈로 달려갔다. (일. 죽도기사)

호키슈로 스즈키를 보낸 대마도주는 나가사키 태수에게 서찰을 보냈다.

모든 사절단은 나가사키를 통하도록 되어 있는데, 조선의 사절단이 지금 나가사키를 통하지 않고 호키슈에 도착했다고 하니 빨리 조치를 취하라는 내용이었다.

대마도주의 서찰을 받아 본 나가사키 태수는 그 말이 옳다고 여겨 자신도 즉시 호키슈로 사람을 보냈다.

한편, 막부에 있는 대마도주의 아버지는 장군의 측근인 오오쿠에게 많은 뇌물을 바치고 나서, 일단 급한 불은 껐다고 판단하고 심복을 불렀다.

"너는 지금부터 쉬지 말고 말을 달려 호키슈로 가거라."

"네."

"가서 조선인들이 무엇 때문에 왔는지 자세히 알아보아라."

"네."

"그리고 우리 대마도에 불리한 사실이 있으면, 돈은 얼마가 들어도 좋으니 모든 기록을 없애라. 그리고 조선의 사신은 바로 귀국시키도록 조치하거라."

"알겠습니다."

이렇게 하여 대마도주의 아버지가 보낸 심복은 밤낮을 가리지 않고 말을 달려 호키슈에 도착해서 안용복 일행을 면담하게 되었다. (일. 죽도기사)

"당신이 조선의 사절이오?"

"그렇소."

"나는 막부에서 장군의 명을 받고 내려온 사람인데 무슨 용무로 오셨소?"

"호키슈 태수에게 다 말했소."

(이 때 안용복은 호키슈의 부태수를 태수로 잘못 알고 있었다.)

"그렇소이까? 혹시 대마도주의 죄상을 상소하기 위해 온 게 아니오?"

"그렇소이다."

"아, 그 일이라면 걱정 마시오. 태수가 막부로 보고하여 내가 내려온 것이니 조만간 조치가 있을 것이오."

"언제쯤 조치가 된답디까?"

"글쎄요. 막부에서도 논의를 거쳐야 하고 조선에도 자세한 내막을 알아보고 해야 하니까 한 1년쯤 걸릴 것이오."

"그렇게나 오래 걸리오?"

"그 정도면 그래도 빨리 처리되는 거요. 그래서 우선 앞뒤 사정을 알려 주려고 내려온 것이오."

"으음……. 아참, 그런데 지난번에 울릉도를 침범했던 일본인들은 어떻게 되었소?"

"아, 아직 말씀 못 들으셨소? 15명 전부 사형되었소이다."

"안됐구먼."

"어떻게 하시겠소? 일이 끝날 때까지 여기서 기다리시겠소, 아니면 귀국하시겠소? 귀국하시면 여기 일은 내가 책임지고 알아서 처리하겠소이다."

"계속해서 여기 있을 수는 없는 일 아니오? 우리야 우리 볼일만 보면 되지요."

"잘 생각하셨소이다."

이렇게 안용복을 속여서 조선으로 돌아가게 한 대마도주 아버지의 심복은 곧장 호키슈 태수에게 달려가 뇌물을 바쳤다. 그리고는 안용복이 울릉·자산, 두 섬 문제를 따졌다는 내용과 대마도주의 죄상을 막부의 장군에게 상소하겠다고 한 내용을 모든 기록에서 빼 버리고, 말이 안 통해서 무엇 때문에 왔는지 모르겠다는 내용을 적도록 하였다. 그는 또 앞뒤를 맞추기 위해, 조선인 사절단과 말이 안 통하니 통역관을 보내 달라고 요청하였다.

그리고 안용복에게는 아무 의심도 할 수 없도록 밤낮으로 술을 대접하였다.

이 때쯤 대마도주의 연락을 받고 나가사키 태수가 보낸 사람도 호키슈에 도착하였다. 그리고는 조선의 사절단을 나가사키로 보내지 말고 바로 귀국시키라는 나가사키 태수의 뜻을 전달하였다.

이러한 말을 들은 호키슈의 부태수는 막부에 가 있는 태수에게 곧바로 서찰을 보냈다.

대마도주의 아버지가 느닷없이 사람을 파견하여 조선인들을 면담하였습니다. 그리고는 나가사키말고는 어떠한 곳에서도 외국인과 접촉해서는 안 된다고 하였습니다. 때마침 나가사키에서 온 사람도 국법을 근거로 나가사키말고 다른 곳에서는 절대 사절을 받아들일 수 없다고 하면서 당장 돌려보내라고 하였습니다.

1696년 6월 23일 (일. 죽도기사)

한편, 대마도주의 아버지는 자기 마음대로 조선 사절단을 돌려보낸 것이 탄로날 경우 문책을 받을지도 모른다는 생각에, 장군의 측근인 오오쿠와 아베를 움직이기 위해 다시 많은 뇌물을 갖다 주었다.

그는 조선의 사절단이 죽도와 송도 두 섬 문제로 왔다는 사실을 장군이 알게 되면, 자신의 아들은 죽을 수밖에 없다며 울면서 사정하였다. 그리고는 그들을 나가사키로 보내지 말고 바로 돌려보내도록 한 뒤, 이번 일은 없었던 것으로 해 달라고 부탁하였다.

오오쿠와 아베는 나가사키로 보내려고 했던 처음의 계획을 바꿔 7월 24일, 호키슈 태수에게 사절단을 곧바로 조선으로 돌려보내라고 지시하였다. (일. 죽도기사)

이러한 음모에 의해 안용복은 8월 6일에 강원도 양양으로 돌아오게 된다.

한편, 대마도주가 보낸 심복 스즈키는 8월 16일에야 호키슈에 도착하였다. 그러나 이미 안용복 일행이 돌아갔다는 이야기를 듣고는 그대로 대마도로 되돌아갔다. (일. 인부연표)

막부에 있는 아버지와 호키슈에 다녀온 심복에게서 자세한 이야기를 전해 들은 대마도주는 이제 울릉도와 독도를 조선에 넘겨 줄 수밖에 없다고 판단하였다. 그는 죽은 형을 조문하기 위해 대마도에 와 있던 조선의 사신들에게 어쩔 수 없이 막부의 결정을 알려 주었다. (일. 죽도고증)

그리고 이듬해인 1697년 1월, 아히로 등을 조선으로 보내 앞으로는 죽도에 가서 고기를 잡지 않겠다는 막부의 뜻을 서장을 통해 정식으로 알렸다.

＊　＊　＊

"할아버지, 그 편지가 아주 중요한 것이네요?"

"그렇지."

"그 편지는 지금 어디 있어요?"

"편지는 없고, 그 내용이 일본의 〈공문록〉이라는 책 속에 있단다. 그런데 서장을 가지고 온 사람이, 안용복은 조선의 사절이 아니었다는 답장을 써 달라고 부득부득 떼를 썼단다."

"당연하지요. 만약 안용복이 정식 사절이었다면 막부의 장군이 사절이 온 이유를 알아볼 거 아니에요? 그렇게 되면 자신이 장군의 명을 곧바로 따르지 않았기 때문에 왔다는 것이 탄로날 테고……."

"그렇지, 우리 나리가 무척 똑똑하구나."

"그래서 써 줬나요?"

"아니지. 처음에는 지나간 일이니 새삼 이야기할 것도 없다고 하면서 써 주지 않으려고 했지. 그러다가 일본 사신이 하도 애걸 복걸하니까 적당히 답장을 써 주었단다."

"그래서 끝났나요?"

"끝나긴. 대마도주는 자신의 공에 대한 칭찬과, 안용복은 조선 사절단이 아니라는 내용이 빠졌다며 다시 써 달라고 했단다."

"결국엔 다시 써 줬겠네요?"

"그렇단다. 일본의 〈공문록〉을 보면 그 내용이 자세히 나오지."

"할아버지, 그 편지에 독도에 대한 말까지 들어 있었나요?"

"그래, 나리가 아주 좋은 걸 물었다. 당시 안용복은 미천한 신분임에도 일본 땅에 가서 울릉도와 독도가 우리 땅이라는 확인까지 받아 왔는데, 조정에서는 아무 생각 없이 울릉도만 쓰고 독도는 빼놓았단다."

"아하, 그래서 일본 사람들이 울릉도만 돌려주고 독도는 돌려준 게 아니라고 하는구나!"

"그렇지. 그 때 조선에서 보낸 답서에 자산도(독도)도 잘 받았다는 말 한 마디만 써 넣었더라면 지금과 같은 분쟁은 일어나지 않았겠지."

"그게 다 섬과 바다가 얼마나 중요한지 몰라서 그런 거죠 뭐."

"그래. 과거 공부만 한 사람들이라, 아무리 벼슬이 높아도 바다에서 산 안용복만큼은 바다의 중요성을 깨닫지 못했던 거지."

"참, 안용복은 그 다음에 어떻게 됐어요?"

"호키슈를 떠난 안용복 일행은 나흘 뒤에 강원도 양양에 도착했단다. 그리고는 바로 양양 현감에게 일본에서 있었던 일을 보고했지."

"조정에서 하지 못했던 일을 했으니 큰 상을 받았겠네요?"

"웬걸, 현감한테서 일행의 활동을 보고받은 강원 감사는 상을 주기는커녕 오히려 옥에 가두고 비변사에 보고했지."

"그 때 강원 감사가 누구예요?"

"허허허, 우리 나리가 강원 감사가 미운 모양이로구나. 어디 보자…… 옳지, 〈숙종실록〉에 심평이라고 나오는구나."

"비변사는 뭐 하는 곳이에요?"

"처음에는 국경 변두리의 일을 처리하던 곳이었는데, 임진왜란 이후에는 그 일뿐만 아니라 일반적인 일도 보았단다."

"보고를 받은 비변사에서는 상을 내렸나요?"

"그랬으면 오죽이나 좋았겠냐. 하지만 안타깝게도 오랏줄로 묶어서 서울로 보내라고 했단다."

"그래서요?"

"이들이 서울에 도착하자 '울릉도에 들어간 죄'와 '국경을 넘어 일본에 간 죄'를 물어 혹독하게 고문을 했단다."

"바보 같은 사람들 아니에요? 상을 주지는 못할망정!"

"안용복 일행은 자신들의 공적을 자세히 이야기하면서 죄가 없다고 주장했지."

"그래서요?"

"심문을 마친 뒤, 조정에서는 안용복의 일을 처리하기 위해 어전 회의를 열었단다."

안용복을 죽여라

숙종이 어전 회의를 열어 신하들에게 물었다.
"안용복을 어떻게 처리해야 좋을지 말씀들 해 보시오."
"신 좌의정 윤지선 아뢰오."
"말씀하시오."
"안용복은 간사한 백성입니다. 그런 자를 살려 두면 다른 나라에 들어가서 말썽을 일으키는 자가 계속 생겨날 것입니다."
"신 영의정 유상운 아뢰오."
"말씀하시오."
"안용복은 국법에 따라 반드시 죽여야 한다고 아뢰오."
"신 우의정 서문중, 영상과 좌상의 말이 옳다고 아뢰오."
"전하, 아니 되옵니다."
"말씀하시오."
"예전부터 대마도가 중간에서 우리 나라와 막부를 속여 온 것은 오로지 우리 나라가 에도의 막부와 직접 통하지 않았기 때문입니다. 이제 따로 통하는 길을 알았으니 대마도에서 두려워할 것입니다. 하오니 안용복이 비록 죄는 있다 하나, 처형하는 것은 옳은 일이 아닌 줄로 아뢰오."

"신 영중추 부사 남구만 아뢰오."

"말씀하시오."

"안용복이 아니었으면 교활한 대마도주의 속임수를 누가 밝혀 냈겠습니까? 죄가 있고 없고는 아직 논할 때가 아니고, 섬을 다투는 일에 대해서는 이 기회에 확실히 해 두지 않으면 안 됩니다. 그런즉 대마도에 서찰을 보내 '우리 나라에서 장차 에도의 막부로 직접 사신을 보내 사실인지 거짓인지를 알아보겠다.'고 한다면 대마도주가 이를 두려워하여 잘못했다고 할 것입니다. 안용복의 일은 그 후에 논의하는 것이 좋은 줄로 아뢰오."

"신 영돈령 부사 윤지완도 같은 의견이옵니다. 안용복이 비록 천민이라 하나 영웅스러운 데가 있으니, 살려 두면 훗날 크게 쓰일 데가 있을 것이옵니다."

"아니 되옵니다. 그를 죽여 국법이 엄하다는 것을 보여 주어야 하옵니다."

"그렇사옵니다. 죽여야 하옵니다!"

"아니 되옵니다!"

* * *

"결국 임금이 결정하는 대로 따랐겠네요?"

"그렇단다. 〈숙종실록〉에 보면 임금이 죄를 감하여 귀양 보낸 것으로 되어 있단다."

"어디로 갔는데요?"

"어디로 갔는지는 기록에 나오지 않으니 알 수가 없지."

"조사를 하고 나서는 안용복의 공을 알았을 텐데 왜 귀양을 보냈을까요?"

"벼슬아치들이 너무 명분에만 치우쳤기 때문이란다. 국경을 넘었다는 죄 때문에 그의 공적이 인정되지 않았던 거지."

"안용복이 너무 불쌍해요, 할아버지."

"그러게 말이다. 훌륭한 일을 하고도 오히려 고문을 당하고 귀향까지 가게 됐으니……. 시대를 잘못 만난 거지. 하지만 78년간이나 일본 사람들이 차지하고 있던 울릉도를 조선에 돌려보내도록 결정하는 계기를 만들었고, 그러한 결정에도 불구하고 대마도주가 슬쩍 깔아 뭉갠 채 통보하지 않으려고 했던 것을 통보하지 않을 수 없도록 한 건 안용복의 큰 공이지. 이 중에 하나만 없었더라도 울릉도는 우리 나라 섬이 안 됐을 게다."

"그 때 안용복이 일본에 가서 울릉도는 물론 독도까지도 이야기하지 않았나요?"

"그렇지. 〈숙종실록〉에도 나오고, 일본의 〈죽도고〉라는 책에는 안용복이 달고 갔던 '독도 감독관'이라고 쓴 깃발까지 정확하게 나온단다."

"그러니까 그 때 독도까지 이야기하고, 또 독도까지 찾아왔다는 증거가 분명하잖아요?"

"그렇지, 우리 나리가 제법이구나."

"만약 안용복이 아니었으면 독도는 물론이고 울릉도까지도 일본 땅이 되었을 거라고 생각하니까 아찔해요."

"그런 안용복을 죽여야 한다고 했으니 딱한 노릇이지. 어느 처녀가 폐렴에 걸려서 병원에 갔단다. 진찰을 마친 의사가 주사를 놓으려고 엉덩이를 내놓으라고 하니까 죽어도 내놓을 수가 없다는 거야. 외간 남자에게 속살을 보이면 안 된다는 거지. 그래서 결국엔 죽고 말았지. 안용복의 경우도 이런 논리와 마찬가지인 셈이지."

"목숨이 중요하냐 체면이 중요하냐 하는 이야기네요?"

"그래. 당시 조선도 국익이 중요한지 국법이 중요한지를 따져 보았어야 하는 건데, 너무 명분에만 집착하다 보니 그렇게 된 거지."

"요새는 너무 법을 지키지 않아서 문제인데……. 그런데 할아버지, 안용복의 이야기를 일본 사람들은 전부 거짓말이라고 한다면서요?"

"그렇단다. 안용복이 자기의 죄를 줄이려고 일본에서 있었던 일을 지나치게 부풀려서 이야기했다는 거지."

"실제로 그럴 가능성도 있겠네요?"

"그렇지 않단다. 왜냐하면, 안용복말고 다른 열 명의 이야기도 한결같았으니까. 만약 꾸며서 한 이야기라면 그렇게 똑같을 수야 있겠니?"

"미리 짰을 수도 있잖아요."

"미리 짰다고 하더라도 똑같을 수야 없지. 또 안용복이 일본에 갈 때 배에 달고 갔던 깃발 그림도 일본 책에 정확히 나오고, 각종 일본 기록에도 안용복의 증언과 일치하는 부분이 많단다."

"그리고 안용복의 말이 사실이 아니라면 막부에서 무엇 때문에 울릉도를 조선에 돌려주라고 결정했겠어요?"

"그래, 그게 바로 안용복의 말이 사실이라는 증거가 아니고 뭐겠니? 안용복이 가서 울릉도를 내놓으라고 하지도 않았는데 일본 사람들이 스스로 내놓았겠니?"

"그리고 울릉도를 돌려주라는 막부의 명령을 대마도주가 다섯 달 이상이나 알리지 않고 있다가, 안용복이 두 번째로 일본에 가니까 할 수 없이 알렸잖아요? 그것도 안용복이 울릉도 문제로 일본에 갔다는 걸 증명해 주는 거잖아요!"

"맞다! 우리 나리가 할애비보다 더 낫구나, 허허허."

"그런데도 일본 사람들이 안용복의 이야기가 거짓말이라고 하는 이유는 뭘까요?"

"좋은 질문이로구나. 그들은 아주 일본 사람다운 것들을 이유로 들고 있단다. 예를 들면, '나가사키 태수가 대마도주와 짜고 서장을 빼앗았다고 하는데 그런 근거가 어디 있느냐. 당시 호키슈 태수는 에도에 있었기 때문에 안용복을 만날 수 없었는데도 안용복은 호키슈에서 태수와 이야기했다고 말하고 있기 때문에 사실과 틀리다. 대마도주의 아버지는 에도에서 움직일 수가 없었는데도 안용복은 아버지가 호키슈로 와서 자기 아들을 살려 달라고 했다.'는 등 말 같지도 않은 이유를 대면서 막무가내로 사실이 아니라고 하는 거지."

"그들이 말하는 이유가 왜 옳지 않다는 거죠?"

"우선 나가사키 태수가 대마도주와 짰다고 하는 것은, 일본 문서인 〈어로일기〉에 대마도주가 하마다라고 하는 사람을 보내 나가사키에서 심문한 것으로 나온단다. 짜지 않았다면 뭐 하러 대마도 사람이 나가사키에까지 갔겠니?"

"맞아요. 어차피 안용복 일행은 대마도로 갈 텐데요."

"그리고 우리 기록에는 안용복이 호키슈에서 태수와 이야기했다고 나오는데, 일본 기록에 보면 안용복이 부태수 히라이를 만난 것으로 나온단다. 안용복으로서야 자기가 만난 사람이 태수인지 부태수인지 알 수 없는 것 아니겠니? 그런데도 부태수가 아니라 태수라고 했다고 하여 안용복의 말이 전부 사실이 아니라고 하는 것은 억지가 아니고 뭐겠냐."

"네, 저도 그렇게 생각해요."

"그리고 대마도주의 아버지가 에도를 떠날 수가 없었는데도 아버지가 내려왔다고 했기 때문에 사실이 아니라고 하는 것도 생떼를 쓰는 것에 불과하단다. 일본의 〈죽도기사〉라는 기록을 보면 아버지가 보낸 사람이 호키슈로 와서 부태수에게 안용복 일행을 바로 귀국시키라고 이야기했다는 내용이 자세히 나오는데……."

"안용복으로서는 대마도주의 아버지가 왔는지, 아버지가 보낸 사람이 왔는지 알 수가 없는 거 아니에요?"

"당연하지. 누군가 에도에서 와 가지고 대마도주의 아버지 어쩌고 하면서 태수를 만났다는 정도밖에 알 수 없었던 안용복으로서는 당연히 아버지가 왔다고 생각할 수밖에 없었겠지."

"일본 사람들 입장에서는 어떻게 해서든 안용복을 깎아내리려야 독도가 자기네 거라고 주장하는 데 유리하니까 억지를 쓰는 거 아니에요?"

"그렇지. 하지만 아무리 그렇다고 해도 너무나 터무니없는 억지지."

"맞아요, 할아버지. 아무튼 그렇게 어렵게 울릉도와 독도를 찾아왔으니까 그 다음부터는 관리를 잘 했겠네요?"

"……."

할아버지는 말씀을 멈추고 몇 번인가 잔기침을 하셨다. 뭔가 답답해하시는 것 같았다. 나는 탁자 위에 놓인 주전자에서 물을 따라 할아버지께 드렸다. 할아버지는 물을 천천히 마신 뒤, 빈 물컵을 다시 내려놓으셨다.

할아버지는 숨을 크게 들이쉬고 이야기를 이어 가셨다.

"생각할수록 답답한 일이지만, 그러지 못했단다. 지어 준 밥도 못 먹은 격이지. 일본이 울릉도 출입을 금지하겠다고 약속한 뒤로 조직적인 출입은 없어졌단다. 하지만 간혹 몇몇 사람들이 몰래 울릉도에 들어왔다가 들키면 처형되곤 했지. 1836년에도 야우에몽 같은 사람이 몰래 울릉도에 왔다 간 것이 들통나 사형을 당했단다."

"사형까지 시킨 걸 보면, 그래도 일본이 약속을 지키려고 노력은 했네요?"

"그런 셈이지. 그러다가 일본이 메이지 유신으로 서양 문물을 받아들이기 시작하면서부터 다시 울릉도 침입이 활발해지기 시작했단다."

독도가 어디 있소

1868년 메이지 유신으로 일본이 서양 문물을 받아들여 힘이 조금 생기자, 또다시 조선을 슬슬 넘보게 되었다.

발빠른 일본인들은 울릉도에 들어와서 나무를 마구 잘라 갔다. 울릉도는 땅이 기름진데다 물이 풍부해서 숲이 아주 울창했다. 아름드리 느티나무와 향나무, 박달나무 등이 빽빽했다. 그들은 그런 나무들을 잘라 주로 집을 짓는 데 사용했다.

우리 나라 조정에서는 안용복이 울릉도를 되찾아온 이후로 3년에 한 번씩 순찰하기로 했지만, 흉년 들었다고 안 가고 바람 분다고 안 가고 해서 일본인들이 몰래 들어왔다 간다는 사실을 잘 알지 못했다.

1881년에야 이러한 사실을 알게 된 고종은 울릉도를 비워 두고 있기 때문에 일본인들이 마음대로 출입하고 있다고 생각하였다. 그래서 울릉도 감찰사인 이규원에게 백성들을 이

주시킬 수 있는지 알아보도록 했다. (승정원일기)

"근래 울릉도에 일본인들이 마음대로 왔다갔다하고 있다고 하오. 감찰사는 가서 상세히 파악해 보시오. 또 송죽도와 우산도가 울릉도의 근방 어디엔가 있다고 하는데, 그 섬들 사이의 거리가 얼만지, 또 어떠한 특산물이 나오는지를 자세히 알아보시오."

"말씀드리기 송구하오나, 우산도는 곧 울릉도요, 우산은 옛날 우산국 시절의 도읍 이름이라고 하옵니다. 또 송죽도는 한낱 작은 섬에 불과한데 울릉도와는 30리 정도 떨어져 있다고 합니다. 그리고 이 섬에서는 박달나무와 대나무가 난다고 합니다."

"〈동국여지승람〉에 보면 우산도 혹은 송죽도라고 되어 있소. 또 다른 데는 우산도와 송죽도가 서로 다른 섬으로 되어 있어 섬이 모두 세 개라고도 하오. 또 전부를 통틀어 울릉도라고도 하는 등 정확치가 않으니 가서 자세히 살펴보시오."

"울릉도 동쪽에 송도, 죽도라고 하는 섬이 있기는 한데, 이것은 송죽도가 아니고 별개의 송도, 죽도라고 들었습니다."

"그 밖에도 따로 살펴볼 곳이 있으면 상세히 살펴보고 정책을 세우는 데 참고가 될 만한 것은 모두 보고하도록 하시오."

"삼가 말씀하신 대로 상세히 살펴보겠습니다."

고종에게서 이와 같은 명령을 받은 이규원은 1882년 4월 30일에 울릉도에 도착하여 7일간 걸어서 섬을 순찰한 뒤, 다시 배를 타고 2일간 해안을 한 바퀴 돌아보게 된다.

그는 울릉도를 순찰하면서 조선인 140명, 일본인 78명이 들어와 배를 만들고, 약초를 캐거나 고기를 잡고 있는 것을 발견하였다.

섬에 들어온 일본인들은 울릉도 출입 금지에 대한 어떠한 명령도 들은 바가 없고, 심지어 이 섬을 일본 땅으로 알고 있다고까지 하였다. 그 표시도 있다고 하여 가 보았더니, 바닷가 자갈밭에 길이 2미터 폭 30센티의 나무가 세워져 있었다. 그 나무에는 '대일본국 송도 느티나무골 메이지 2년 2월 13일 이와사키 세움'이라고 쓰여 있었다. 이규원 일행은 이 나무를 없애고 서울로 돌아와 조사 결과를 임금에게 보고하였다. (승정원일기)

* * *

나는 할아버지의 말씀 중에 독도에 대한 내용이 없는 것이 궁금해서 여쭈어 보았다.

"그럼 독도는 가 보지 않았나요?"

"그렇단다. 임금께서 누누이 자세히 살펴보라고 말씀하셨는데도, 송죽도나 우산도가 울릉도 주변의 죽서도나 관음도일 것이라는 고정 관념에 사로잡혀서 독도까지는 살펴보지 않았단다."

"결국 안용복이 찾아온 독도를 그 때까지도 하찮게 생각한 것 아니에요?"

"그런 셈이지. 아무튼 이규원의 조사 결과를 바탕으로 울릉도를 다시 개척하도록 정책을 세운 뒤, 1882년 9월 9일 울릉도 도장에 전석규를 임명하고 백성들을 울릉도로 이주시키게 된단다."

"일본인들은요?"

"일본 공사에게 데려가라고 정식으로 항의했지만, 데려가기는커녕 오히려 그 수가 점점 늘어 1899년에 대한제국 정부는 일본인과 합동 조사까지 벌이지 않으면 안 되게 되었단다."

"맨날 조사만 하면 뭐 해요? 빨리 군대를 보내서 쫓아 내야지."

"그러게 말이다. 아무튼 우용정을 합동 조사 단장으로 해서 울릉도로 들어가니 몰래 들어온 일본인이 144명이었는데 느티나무를 71그루나 베어 쌓아 놓고 있더란다. 향나무와 다른 나무들은 헤아릴 수도 없었고."

"도장이라는 사람은 뭘 하고요?"

"도장만 임명했을 뿐이지, 경찰이 있는 것도 아니고 군대가 있는 것도 아니니 구경만 하고 있을 수밖에."

"조사 단장도 뾰족한 수가 없었겠네요?"

"같이 간 일본 영사에게 전부 철수시키라고 강력하게 이야기하고는 서울에 있는 주한 일본 공사에게 항의 공문을 보낸

게 전부였지."

"경찰을 보내 전부 잡아왔어야 하는 건데……. 참, 우용정은 독도까지 살펴보았나요?"

"우용정도 독도까지 살펴보지는 못하고 대신 울릉도 주민들을 통해 확인만 했단다. 그리고 정부는 우용정의 보고서를 바탕으로 이듬해에 칙령 제41호를 공포하게 된단다."

"칙령 제41호가 뭔데요?"

"울릉도를 군으로 승격시키고 울릉군수에게 울릉도 전체와 부속 섬인 죽도, 석도를 관할하도록 하는 법령이지."

"독도는 빠졌네요?"

"여기에 나오는 석도가 독도란다. 그 때까지 독도를 돌로 된 섬이라고 하여 독섬이라고 불렀는데, 한자로 쓰다 보니까 돌 '석' 자를 써서 석도라고 한 거란다."

"아, 그렇구나!"

"그런데도 5년 후인 1905년에 일본 사람들은 독도가 임자 없는 땅이라고 하면서 자기네 땅으로 끼워 놓았단다."

"피이, 임자가 없긴 왜 없어! 그래서요?"

"그 후 한국이 1910년에 일본의 식민지가 되어 버리는 바람에 독도 문제 같은 건 잊혀져 버리고 말았지. 그러다가 해방 후 점령군 사령관으로 일본에 들어간 맥아더 장군이 울릉도와 독도는 거리상 한국 섬이 분명하다며, 일본 사람들에게 울릉도는 물론 독도 근처에도 가지 못하도록 명령을 내렸단

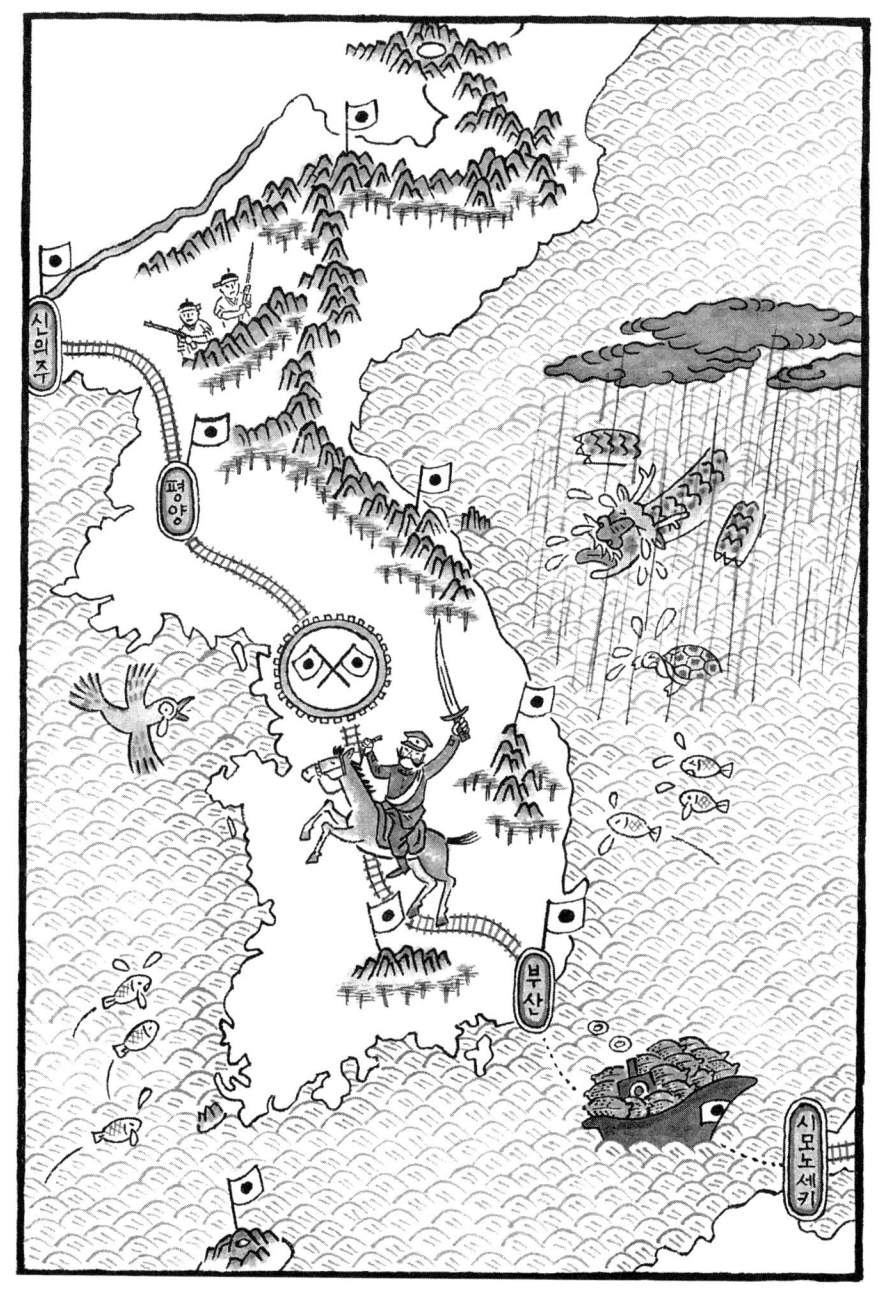

다. 그리고 맥아더 장군의 명령을 바탕으로 강화 조약을 만들었는데, 처음에는 독도를 한국 땅이라고 분명하게 표시했단다. 강화 조약이 뭔지 알지?"

"전쟁이 끝나고 모든 일을 평화적으로 처리하기 위해 만드는 약속 같은 거 아니에요? 1차 세계 대전이 끝난 후에도 베르사이유 강화 조약을 만들었다고 배웠어요."

"그래. 다른 말로는 평화 조약이라고도 하지."

"그런데도 왜 일본 사람들은 지금까지 독도를 자기네 땅이라고 하나요?"

"강화 조약은 여러 가지 복잡한 내용을 담고 있기 때문에 서명을 하기 전까지는 계속 바뀌게 마련이란다. 그런 가운데서도 1차부터 5차 초안까지는 한국 땅으로 이상 없이 표시되어 있었단다."

"그런데요?"

"5차 초안을 본 일본 사람들이 자기네 땅인 독도가 한국 땅으로 잘못 표시되어 있다면서 미국 사람들한테 따진 거지. 그래서 미국 사람들은 그런가 보다 하고 6차 초안 때는 독도를 일본 땅으로 표시하게 된단다."

"우리 나라한테는 물어 보지도 않고요?"

"그렇단다. 그 후 초안을 만드는 방침이 바뀌어 대만, 팽호제도 등 큰 것만 집어넣고 독도는 작다고 아예 한국이나 일본 어느 곳에도 표기하지 않게 되었단다."

"그럼 문서에서 빠진 건가요?"

"그래. 그렇지만 미국 사람들은 그 때부터 독도를 일본 땅으로 생각하게 됐단다."

"피이, 자기네들이 뭘 안다고……."

"그 후 뒤늦게 강화 조약에 독도가 빠진 것을 알게 된 우리 나라 정부에서는 주미 대사에게 독도를 포함시키도록 명령을 내렸단다."

"그래서 집어넣었겠네요?"

"그런데 우리 나라는 독도가 원래 한국 땅으로 표시되어 있다가 일본의 요구로 빠진 줄도 모르고 그냥 간단하게만 생각했단다."

"간단한 일 아닌가요?"

"아니지. 일단 일본 땅이라고 생각하고 있는 미국 사람들을 설득하기 위해서는 충분한 자료가 필요하지 않겠니?"

"안용복의 활동이 기록되어 있는 〈숙종실록〉이나 일본의 〈죽도기사〉 같은 자료가 많이 있잖아요."

"그렇지. 그런데 당시에는 그러한 자료가 미처 발굴되지도 않았고, 또 독도를 집어넣는다는 것을 쉽게 생각했기 때문에 자료가 있었다고 해도 이를 중요하게 여기지도 않았지."

"어휴, 답답해! 그래서 어떻게 됐어요?"

"별거 아니라고 생각한 주미 대사는 강화 조약을 만드는 책임자를 만나 독도를 한국 영토로 표시해 달라고 요구했단다."

"그랬는데 왜 안 된 거예요?"

"요구를 받은 덜레스 대사가 관련 자료를 검토해 보니, 이미 일본이 자기네 섬이라고 주장하고 있다는 사실을 알게 되었단다. 그래서 대사는 일본이 제출한 각종 자료만을 보고는 독도를 일본 땅이라고 결정하게 되었단다."

"그런데 어떻게 독도가 일본 섬이 안 되고 지금은 우리 나라 경찰들이 가 있게 됐나요?"

"홍순칠이라고 하는 제2의 안용복이 있었기 때문이지."

"홍순칠이 누군데요?"

"잠깐 기다려 봐라. 자료도 찾아야 하니까 잠시 쉬었다가 얘기해 주마."

시간은 이미 자정이 넘어가고 있었다.

안용복의 이야기를 다 듣고 나니 가슴이 답답했다.

2부
홍순칠 대장

우리 손으로 독도를 지키자

 할아버지는 책장에 빼곡이 꽂혀 있는 자료 중에서 홍순칠에 대한 기사를 모아 놓은 스크랩북을 꺼내셨다. 거기에는 한국과 일본의 각종 신문 기사가 가지런하게 붙어 있었는데, 모두 오래 되어 누렇게 변해 있었다.
 "아까도 말했듯이 맥아더 장군의 명령으로 독도 근처에는 얼씬도 못 하던 일본 사람들이 1951년에 강화 조약이 체결되자 다시 독도를 기웃거리기 시작했단다."
 "어떻게요?"
 "독도에 와서 물개도 잡아가고 전복도 따 가더니, 아예 '일본 시마네현 오키군 고카촌 다케시마'라고 쓴 말뚝까지 세워 놓았단다."
 "우리는 뭐 했나요?"
 "당시는 6·25 전쟁 중이라 미처 독도에까지 신경 쓸 여유도 없었고, 울릉도에서 가지고 있는 배는 일본 사람들 것에 비해 성능이 형편없이 뒤떨어졌기 때문에 어떻게 해 볼 도리가 없었단다. 그저 일본 사람들이 세워 놓은 말뚝을 뽑아 버리고 대신 '경상북도 울릉군 남면 독도'라고 쓴 말뚝을 박아 놓고 오는 정도에 그쳤지."

"그럼 일본이 다시 자기네 말뚝을 세워 놓았을 것 아니에요?"

"그렇지. 그런 싸움을 중단시킨 사람이 바로 홍순칠이란다."

"네에……."

* * *

홍순칠의 집안은 원래 울릉도에서 제일가는 부자였고, 홍순칠의 육촌 형은 당시 울릉군수로 있었다.

육촌 형은 일본 사람들이 독도에 와서 고기를 잡아가는 문제로 고민이 많았다. 그러던 육촌 형이 하루는 홍순칠의 할아버지를 찾아와서 독도 문제를 의논했다.

"할아버지, 동네 사람들한테 이미 들으셨겠지만 독도 문제가 날로 복잡해지고 있습니다. 어민들이 안전 조업 대책을 세우라고 아우성을 치는 통에 견딜 수가 없습니다. 까딱하면 군수 자리를 내놓아야 할지도 모르겠습니다."

"도지사한테 보고는 했느냐?"

"대답이 없습니다."

"골치는 아프겠지만 군수 직을 그만두어서는 안 된다. 순칠아, 무슨 좋은 방법이 없겠느냐?"

"형님, 도지사가 중앙에 보고했다고는 하지만 너무 기대하지는 마십시오. 그 문제는 자체적으로 해결하는 수밖에 없습니다."

"동생, 자체적으로 해결한다는 게 무슨 말이야? 좀더 구체적으로 얘기해 보게."

"형님, 나라가 흥하느냐 망하느냐 하는 기로에서 전쟁을 치르고 있는데, 울릉도 사람은 한 사람도 군에 가 있는 사람이 없잖아요? 그러니 울릉도 청년이 군에 간 셈치고 독도에 가서 일본과 싸워야 한다는 말입니다. 형님, 울릉도 청년들을 독도로 보내세요. 경찰서에 있는 총을 들려서……."

"이 사람아, 자네나 가게. 아, 거길 누가 가려고 하겠어?"

육촌 형이 가고 난 뒤, 할아버지가 홍순칠을 다시 불렀다.

"1882년, 그러니까 할애비가 스무 살 적에 네 증조부를 따라 울릉도로 들어왔단다. 그 때 1진이 16가구 54명이었는데, 그 중 우리 식구가 8명으로 가장 많았지. 강릉에서 출발한 후 바다에서 거센 파도를 만나 죽을 고생을 한 끝에 2주일 만에 가까스로 이 곳에 도착할 수 있었단다. 먹을 것은 물론 씨앗도 모두 바닷물에 젖어서 못 쓰게 되었지. 산에서 칡을 캐고,

바다에서 물고기, 문어, 전복, 소라 등을 잡아 가까스로 목숨을 이어 가면서 도끼 하나 가지고 배를 만들기 시작했단다. 어떻게 해서든 배를 만들어야 육지에 가서 씨앗을 가져올 텐데, 연장이라고는 도끼 한 자루뿐이었으니 그 고생은 말로 다 할 수 없을 정도였지."

"네에……."

"독섬이 빤히 보이기는 했지만 배가 없으니 건너갈 수도 없고……. 그런데 어느 날, 그 섬에서 큰 물개가 헤엄쳐 오는 거야. 기다렸다가 여럿이 힘을 합쳐 그 물개를 잡았지. 그것을 두고두고 아껴서 삶아 먹었더니 몸의 부기도 빠지고 기운이 생기더구나. 고기가 떨어질 만하면 물개가 또 건너오곤 해서 배를 만드는 동안 목숨을 이어 갈 수 있었지. 우리 1진에게는 더할 수 없는 은혜의 섬이 독섬이었단다."

"네, 저도 어느 정도는 알고 있습니다."

"그런 독섬을 6·25 전쟁으로 어수선해진 틈을 타서 일본이 넘보고 있는 것이니, 네가 무슨 수를 써서라도 지켜야겠다."

"네, 알겠습니다."

할아버지에게 독도에 얽힌 이야기를 자세히 들은 홍순칠은 1952년 8월 20일, 울릉도 향군 연합 분회장에 출마하여 만장일치로 당선된 후 독도를 지키자고 연설하였다.

"동지 여러분, 우리는 모두 개척민들의 후손입니다. 우리는 육지에서 있다가 군에 입대한 후, 전쟁터에서 부상을 입고 고향인 이 섬으로 돌아왔습니다. 이제 피 묻은 군복을 벗고 고향의 발전을 위해 노력해야 할 때입니다."

"옳소!"

"지난날 우리의 조상들은 이 섬을 개척하면서 독도도 같이 개척했습니다. 그런데 지금 왜놈들이 독도를 먹겠다고 달려들고 있습니다. 그러나 우리 조국은 지금 전쟁 중이라 독도를 지킬 여력이 없습니다. 여러분! 독도는 우리의 터전입니다. 독도는 우리가 살아갈 양식을 얻는 바다의 논이요, 밭입니다. 논밭에 참새가 날아들어도 쫓아야 되거늘 화적 같은 왜놈들이 침범하고 있는데 어찌 강 건너 불 구경하듯이 보고만 있겠습니까?"

"……"

"우리의 논과 밭을 우리가 지키지 않으면 누가 지켜 주겠습니까? 우리 모두 우리 논밭을 지키러 갑시다! 그래서 먼 훗날 우리 자손들에게 욕먹지 않는 조상이 됩시다! 우리가 지킨 독도에서 후손들이 평화롭게 고기를 잡을 수 있도록 합시다! 동지 여러분! 독도로 갑시다! 가서 독도를 지킵시다!"

"와! 옳소! 독도로 갑시다!"

"와! 갑시다! 가서 싸웁시다!"

오징어 판 돈으로 무기를 사다

독도를 지키려는 의병이 모였다는 소식은 곧장 섬 전체에 알려졌다.

이 날 밤, 할아버지가 홍순칠을 불렀다.

"오늘 도동에서 있었던 일은 들어서 알고 있다. 큰일을 하려면 돈이 많이 들 텐데, 얼마나 있으면 되겠느냐?"

"할아버지, 고맙습니다. 한 3백만 원이면 되지 싶습니다."

"그래, 그 돈은 내가 마련해 주마. 그런데 돈만 가지고 되겠느냐?"

"예, 우선 그 돈으로 부산에 가서 무기와 군복을 구해 오고 식량을 사야겠습니다. 그리고 우리 산에서 나무를 열 트럭쯤 잘라서 독도에 막사를 지을 수 있도록 제재를 하고 일부는 땔감으로 써야겠습니다."

"그러려무나. 그런데 벌목은 군청에 허가를 내야 한다."

"형한테 미리 얘기해 뒀습니다."

그냥 돈을 들고 부산으로 가는 것보다는 그 돈으로 오징어를 사 가지고 가서 파는 게 낫겠다고 생각한 홍순칠은 할아버지에게 받은 3백만 원으로 오징어를 사 가지고 포항으로 향했다. 22시간이나 걸리는 긴 항해였지만, 그는 전혀 지루하지 않았다. 오히려 신바람이 날 지경이었다.

포항에 도착한 즉시 오징어는 부산으로 부치고 자신은 군용 트럭을 타고 대구로 올라갔다.

홍순칠은 병사구 사령부 근처에 있는 여관에서 하룻밤을 지내고, 날이 밝자마자 사령부로 갔다.

사령부의 참모장 하 대령은 홍순칠을 반갑게 맞이했다. 그는 홍순칠에게 울릉도는 대구와 거리가 멀어서 관리하기 어렵기 때문에 민병대가 꼭 필요하다고 힘주어 말했다. 그리고는 홍순칠에게 민병대 육성과 관리를 부탁한다고 여러 번 당부하고 퇴근 후에 술이나 한잔 하자고 청했다. 그렇지 않아도 부탁할 것이 많았던 홍순칠은 기꺼이 응했다.

저녁때 남산동 초가집에서 만난 두 사람은 동동주를 몇 잔 마시며 서로 허물없이 대화를 나누기 시작했다.

"홍 회장, 거 독도에 있다는 숫물개 한 마리 좀 어떻게 잡을 수 없겠소?"

"하하하, 참모장님도 물개가 몸에 좋다는 건 아시는 모양

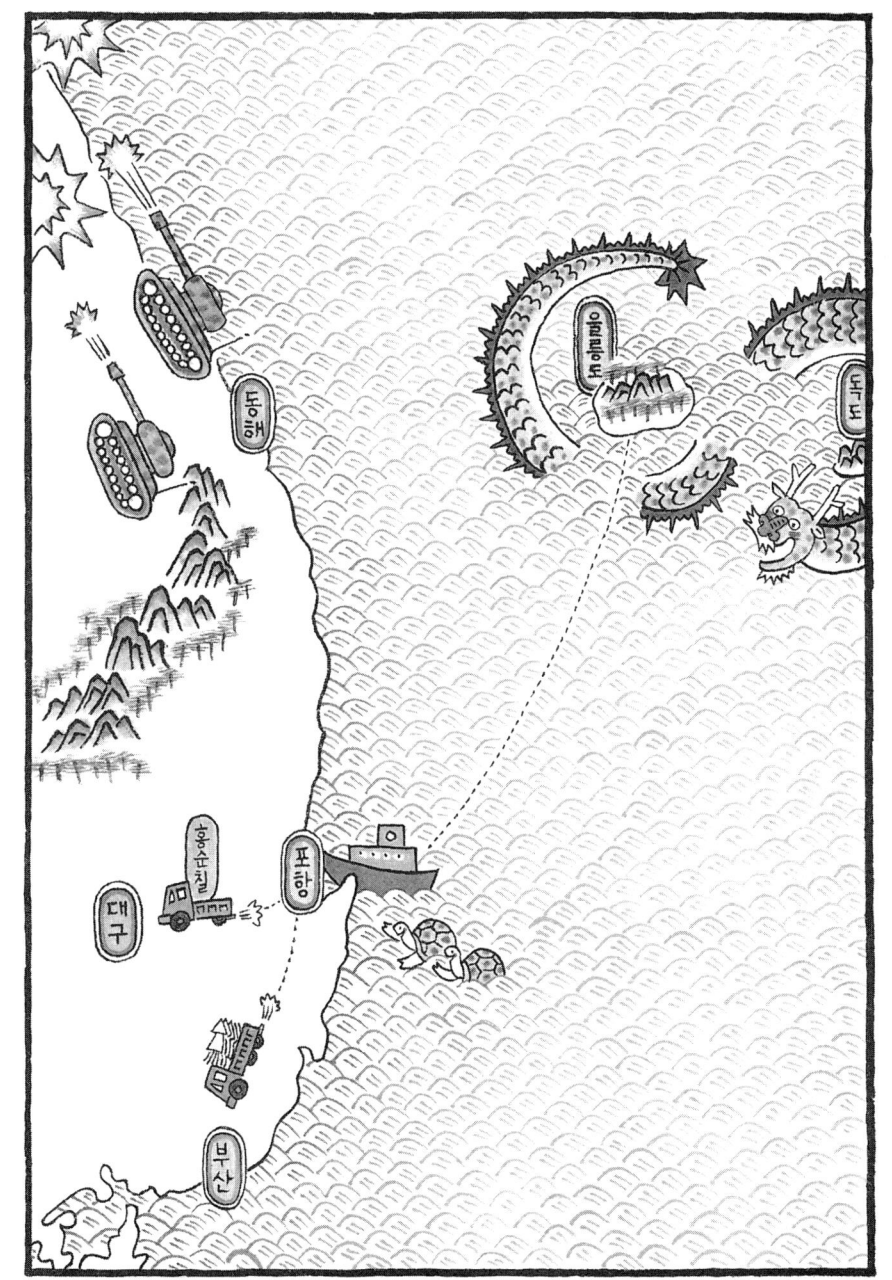

이군요."

보좌관 신 중령이 거들었다.

"참모장님, 홍 회장한테 부탁해서 독도 물개 한 마리 잡아 먹지요. 이렇게 좋은 기회가 또 어디 있겠습니까?"

때는 이 때다라고 생각한 홍순칠이 말했다.

"잡을 수 없는 건 아니지만 거의 불가능합니다. 독도까지 가는 배도 문제지만 총이 있어야지요. 몽둥이로 잡을 수는 없잖습니까?"

"그렇지 배가 문제일 거라."

참모장이 어려움을 알겠다는 듯이 고개를 끄덕였다.

"참모장님의 부탁인데 거절이야 할 수 있겠습니까? 배는 어떻게든 구해 볼 테니 총하고 실탄이나 주십시오."

신 중령이 참모장의 얼굴을 바라보며 조심스럽게 말했다.

"무슨 총이 좋으며, 실탄은 얼마 정도면 되겠습니까?"

"카빈총 2자루하고, 실탄은 한 2백 발이면 되겠습니다."

"글쎄……."

"글쎄는 글방에서 글 배우고 내는 세금이 글세이고……. 줄 겁니까, 안 줄 겁니까? 안 되면 할 수 없죠 뭐."

"언제 울릉도로 갈 건데?"

"부산에서 일 좀 보고 다시 와서 가지고 갈 테니 검문에나 걸리지 않게 조치해 주십시오."

"알았소. 대신 물개는 홍 회장이 책임지는 겁니다."

"걱정 마십시오. 특제로 한 마리, 아니 두 마리 올려보내겠습니다. 하하하!"

전쟁 중이라 불법으로 총을 빼돌리기도 했기 때문에 총 2자루와 실탄을 2백 발씩이나 얻게 된 홍순칠은 기분 좋게 술값을 계산했다.

다음 날, 아침 차로 부산으로 내려간 홍순칠은 변 준위에게 전화를 했다.

변 준위는 홍순칠과 전투를 같이 했던 군대 동기생으로 당시 시아이시(CIC : 대통령의 특명을 받고 일하던 기세 좋던 부대로 특무대라고도 했다.)에서 근무하고 있었다.

홍순칠은 변 준위를 만나자마자 다짜고짜 자신의 계획을 털어놓았다.

"그러니까 독도를 지키려면 무기가 필요하다 이거지?"

"그렇다니까."

"국가의 녹을 먹고 있는 내가 부끄럽네. 국가에서 해야 할 일을 자네에게 떠맡기고 있으니……."

"이 사람아, 그런 칭찬 듣자고 온 게 아니고 돼, 안 돼?"

"그래 얼마나 필요한데?"

"음, 중기관총 1정과 실탄 3천 발하고, 경기관총 1정과 실탄 3천 발, 그리고 엠원(M1) 소총 20정과 실탄 3천 발, 마지막으로 권총 2정과 실탄 2백 발이야."

"너무 많은 거 아냐?"

"그래도 최소한으로 뽑아 본 거야."
"알았어, 한번 준비해 볼게."
"부탁해, 변 형만 믿어."
변 준위는 홍순칠이 주문한 것을 적어 속주머니에 넣고 돌아갔다.

애국자가 따로 있나

다음 날, 변 준위와 홍순칠은 대신동에 있는 한 중국집에서 만났다.

"홍 형, 내일 낮에 나하고 어디 좀 가야겠어."

"자네가 가자면 지옥에라도 가지."

"자네가 부탁한 것을 빼돌리는 데는 양공주들이 최고거든."

"미군 부대서 빼돌리게?"

"그럼 거기말고 어디서 나와? 잔소리 말고 내일 오징어나 몇 마리 갖고 와. 돈은 일이 잘 되고 난 뒤에 주면 되니까."

"알았어."

변 준위와 헤어지고 난 홍순칠은 하루가 길게만 느껴졌다.

다음 날, 변 준위가 지프차를 타고 왔다. 변 준위는 지프차에 홍순칠을 태우고 부두 쪽으로 달렸다. 부두에서는 미군 수송선에서 짐을 내리는 작업이 한창이었다. 변 준위는 산기

슭에 차를 세우고 허름한 판잣집으로 들어갔다.

"잘들 있었냐? 어, 그런데 왜 너희 셋뿐이냐?"

"곧 올 거예요."

"지난번에 그 중국집 알지? 그리로 와. 거기서 얘기하게."

"네, 오라버니."

변 준위는 15분쯤 걷더니 낡은 2층 건물의 중국 음식점으로 들어섰다. 그리고는 여러 번 와 본 듯이 주인과 반갑게 인사를 나누었다.

"주인장, 잘 있었소? 큰 방 있지?"

"네."

"조금 있으면 아가씨들이 올 건데, 수사상 중요한 이야기를 나눌 거니까 아무도 근처에 얼씬거리지 못하게 해. 알았지?"

"아, 네. 여부가 있겠습니까?"

잠시 후 일곱 명의 아가씨들이 들어왔다. 아무도 이름은 말하지 않았지만 모두 예쁜 아가씨들이었다. 홍순칠은 전쟁만 아니었으면 모두 고향에서 훌륭한 총각들과 결혼해서 행복하게 살 텐데 하고 생각하였다.

"아저씨, 고향이 울릉도면 오징어 많이 잡수시겠네요?"

"그렇지 않아도 너희들 먹으라고 홍 대장이 오징어 몇 마리 가지고 왔다."

변 준위가 아가씨들 앞으로 오징어를 내밀었다.

"와! 아저씨, 멋쟁이!"

"잘 먹겠습니다."

아가씨들이 손뼉을 치며 어린아이들처럼 좋아했다.

음식을 주문하고 난 뒤, 변 준위가 속주머니에서 종이 쪽지를 꺼내 한 아가씨에게 건네 주면서 말했다.

"내가 전에 말했던 거다. 우리가 나가고 난 다음에 펴 봐. 나라를 지키는 데 필요한 거니까 꼭 성공해야 된다."

"알았어요, 오라버니."

홍순칠은 순간 그녀의 얼굴이 결연해지는 것을 느낄 수 있었다.

다른 아가씨들은 그저 오징어 선물이 좋기만 한지 오징어를 찢어서 입에 물고는 어린아이들처럼 재잘거리기 시작했다.

식사를 마치자마자 변 준위가 먼저 나가더니 지프차를 가지고 왔다. 홍순칠을 태우고 가다가 여관 앞에 내려놓고 저녁에 다시 만나기로 약속했다.

여관에 돌아오자, 주인 아줌마가 남포동 상회에서 전화가 왔었다고 일러 주었다.

홍순칠이 곧바로 달려가 보니 상회 주인이 오징어를 다 팔았다면서 5백만 원을 주었다. 할아버지에게 받은 3백만 원이 5백만 원으로 불어난 것이었다. 홍순칠은 상회 주인에게 고마움을 표시하고 변 준위를 만나러 갔다.

저녁에 다시 만난 변 준위는 홍순칠을 동래 온천으로 안내

했다.

"지금 애들이 열심히 하고 있을 거야."

"변 준위, 잘못하다가 들통나면 어쩌지? 도대체 양공주들이 어떻게 총을 빼낸다는 거야?"

"미국에서 한국 전선으로 오는 건데, 우리 손에 들어오기 전에 미군들이 팔아먹는 거야. 만약의 경우 들통이 나면 장물아비는 양공주들이 되는 거구, 총은 우리 부대로 넘어오게 되지. 일이 완전히 이루어지고 나면 수고비를 줘야 하니까 한 20만 원 정도 별도로 준비해 둬."

"총값은?"

"2백만 원 정도 생각해야 할 거야."

"알았어."

변 준위의 이야기를 듣고 난 홍순칠은 조금 불안하기도 했지만 그 방법말고는 달리 방법이 없을 것 같았다.

"얼마나 걸릴까?"

"빠르면 사흘, 늦으면 닷새 정도 걸릴 거야."

"닷새가 아니라 열흘이라도 총만 얻을 수 있다면야……."

"나만 믿어."

다음 날, 홍순칠은 시장에 가서 군복을 샀다. 그리고 미리 적어 온 목록대로 독도에서 필요한 의약품을 사서 포항으로 부친 뒤, 변 준위로부터 소식이 오기를 기다렸다.

일 주일이 되던 날 저녁때, 밖에서 화물 트럭이 멎는 소리와 함께 변 준위의 목소리가 들려 왔다.

"홍 형, 150만 원만 가지고 얼른 나와 봐."

세워 둔 트럭에는 나무 상자가 잔뜩 실려 있었고 뒤에는 변 준위가 타고 온 지프차가 서 있었다.

"어떻게 할래? 포항까지 우리 차로 실어다 줄까?"

"아니, 내가 대구엘 갔다 와야 하니까 그냥 화물 취급소까지만 실어다 줘."

화물 취급소에 도착한 홍순칠은 휘파람을 불면서 '수신 : 울릉도 민병대 감독관, 발신 : 민병대 총사령부'라고 커다랗게 쓰고는 배에다 실을 수 있도록 포항으로 보내 달라고 하였다. 그리고는 변 준위의 지프차를 타고 지난번에 갔던, 양공주들 집으로 갔다.

변 준위가 돈 뭉치를 내밀면서 말했다.

"150만 원이다. 비용 든 거 빼고 나머지는 수고비다."

"오라버니, 돈 바라고 한 일 아니에요. 더군다나 독도를 지키는 일에 쓰려는 건데."

"괜찮아, 받아 둬."

"그래요, 받아 뒀다가 좋은 일에 쓰면 되잖아요."

홍순칠이 억지로 떠맡기니까 한 아가씨가 마지못해 받았다. 홍순칠은 말로만 '애국, 애국' 하고 떠드는 사람들보다는 그들이 훨씬 더 위대한 애국자라는 생각이 들었다.

다음 날, 새벽 일찍 일어난 홍순칠은 기차를 타고 대구로 갔다. 먼저 약속했던 하 대령에게서 총과 실탄이 든 상자를 받아 화물 취급소에서 포항으로 보내고, 대봉동 미8군 후문으로 가서 몰핀을 구입했다. 몰핀은 치약과 같은 튜브에 바늘이 붙어 있는 것으로, 독도에서 생활하자면 꼭 필요한 구급 약품이었다. 그리고 남은 돈으로는 쌀 100가마를 샀다.

배가 출발하기까지는 며칠 여유가 있어 홍순칠은 대구에 있는 식물원을 구경했다. 식물원을 둘러보던 홍순칠은 그 곳에서 우연히 눈에 띄는 한 처녀를 만나게 되었다.

"이 동네에 삽니까?"

"그런데예?"

"나는 울릉도에서 온 홍순칠이라고 합니다."

"……."

"저는 대구를 잘 모르는데, 안내 좀 해 주시지 않겠습니까?"

"……."

"저는 울릉도에 사는데, 이번에 독도를 지키는 데 필요한 물건을 마련하려고 대구에 온 겁니다. 나쁜 사람은 아니니 안심하십시오."

"독도는 와 지킵니꺼?"

"일본놈들이 독도에 와서 고기의 씨를 말리고 있는 걸 모르십니까? 이대로 두었다간 얼마 안 있어 독도를 빼앗기게 될 겁니다. 그래서 제가 수비 대장이 되어 독도를 지키려고 합니다."

쾌활하고 늠름한 홍순칠의 말에 처녀는 호감을 느끼는 듯했다.

대구에서 하룻밤을 보낸 홍순칠은 이튿날 그 처녀를 불러내더니 다짜고짜 밀어붙이기 시작했다.

"부모님 좀 만나야겠습니다."

"네? 와예?"

"마냥 대구에 있을 수도 없고 해서 이 참에 부모님께 인사드리고 사윗감으로 어떤지 여쭤 봐야겠습니다."

"어머나, 만난 지 얼마나 됐다고예?"

"뭐, 장 담그는 것도 아닌데 오래 되면 뭐 합니까? 사람만 믿을 만하면 되는 거지. 얼른 앞장 서십시오."

이렇게 하여 막무가내로 처녀의 집으로 쳐들어간 홍순칠은 뜻밖에도 처녀의 부모님으로부터 흔쾌히 결혼 승낙을 얻어 냈다. 홍순칠의 패기와 용기에 점수를 준 것이다.

이윽고 포항에서 배를 타고 울릉도로 돌아온 홍순칠은 몇몇 동지에게만 알리고 무기를 가지고 왔다는 사실을 비밀에 부쳤다. 불과 보름 동안에 쌀과 무기, 게다가 신붓감까지 구해 왔다는 말에 동지들은 역시 대장답다며 입을 다물지 못했다. 특히 홍순칠의 할아버지는 신붓감까지 구해 왔다고 몹시 기뻐했다. 더구나 그 신붓감이 사범학교를 나온 미인이라니 좋아할 만도 하였다.

여행의 피로도 채 가시기 전에 홍순칠은 독도로 데리고 갈 사람들의 나이와 성격, 용감성과 군대에서 맡았던 직책, 가정 형편 등을 참고하여 편성표를 작성했다.

전투 1 대장에 서기석, 전투 2 대장에 정원도, 예비 대장에 김병렬, 지원 대장에 유원식, 수송 대장에 이필영, 보급 주임에 김인갑을 임명하고 미혼자 20명씩을 각 전투대에 배치했다.

스스로 수비 대장을 맡은 홍순칠은 황영문을 부관으로 임명했다. 최소한 2주일 정도 합숙 훈련을 해야 하는데, 50여 명이 함께 행동하려면 넓은 집이 필요했다.

홍순칠은 병원과 소주 공장을 운영하고 있는 자형을 찾아갔다.

"자형, 저 좀 도와 주십시오."

"무슨 일인데?"

"훈련을 해야겠는데 집이 없습니다."

"그래 50명씩이나 먹고 자고 할 집이 어디 있겠나?"

"여관집 있잖습니까? 그 집을 사 뒀다가 우리가 떠난 뒤엔 여관으로 써도 좋잖아요. 아무튼 자형만 믿습니다."

"좋은 일 한다는데 안 도와 줄 수도 없지."

이렇게 해서 일본 사람이 하던 여관을 홍순칠의 자형이 사서 의용 수비대의 막사로 쓰도록 하였다. 그는 그 후에도 소주 백 상자와 의약품 등을 지원해 준 든든한 후원자였다.

독도 수비대는 2주일간 합숙 훈련을 하면서 사격술 등을 익혔다. 그리고 전마선(큰 배와 육지, 또는 배와 배 사이에서 연락을 맡아 하는 배)도 두 척이나 만들었다.

훈련을 시작한 지 열흘쯤 되어서 대구에서 결혼 준비가 다 되었다는 전보가 왔다. 홍순칠은 바로 대구로 가서 결혼식을 올렸다.

가자, 독도로!

　수비 대원들은 그 해 겨울 2주일 동안 합숙 훈련을 하면서 눈 속에서 등산하는 훈련을 하였다. 독도의 빙산을 오르내리려면 꼭 필요한 훈련이었다. 적지 않은 경비를 모두 홍순칠이 부담했다.

　1954년 5월 말, 홍순칠과 수비 대원들은 보급선인 삼사호의 뱃머리에 경기관총을 설치하고 총과 실탄을 포함하여 여러 가지 물건을 가득 실었다.

　출발하기 전에 홍순칠이 할아버지에게 인사를 했더니, 할아버지가 비장한 목소리로 이야기를 들려 주었다.

　"러일 전쟁 때 울릉도 앞바다에 러시아 군함이 한 척 나타났단다. 일본 군함한테 공격을 받아 다 부서진 군함이었지. 수병들이 뭍으로 오르려고 헤엄을 치고 있기에 이 할애비가 배를 저어 그들을 구조하고 부상병들도 실어 날랐지. 세 번을 거듭해서 오륙십 명을 구조하고, 네 번째로 군함에 갔을 때 배가 가라앉기 시작했단다. 그 때 가슴에 번쩍이는 훈장을 주렁주렁 단 함장이 갑판 위에 서서 북쪽을 향해 엄숙하게 차려 자세로 경례를 하더니, 배에 자기 몸을 묶고 배와 함께 물 속으로 가라앉는 거야. 함장이 웃으면서 가라앉는 모습을 내 눈으로 똑똑히 보았지. 지금도 생생하게 기억난다. 순칠아!"

"네."

"얼마나 멋있는 죽음이냐? 비록 패했지만 그렇게 의연하게 죽음을 맞이하는 모습을 이 할애비는 45년이 지난 지금도 잊을 수가 없단다. 순칠아!"

"네."

"너도 독도에서 일본놈들과 싸우다가 어떻게 될지 모른다. 훌륭한 지휘관이라면 죽음을 맞는 자세도 깨끗해야 돼. 할애비의 말을 명심하거라. 그 때 러시아 함장이 할애비에게 준 이 청동 주전자를 오늘 너에게 주마. 러시아 함장이 부하들을 구조해 줘서 고맙다는 뜻으로 준 골동품이다. 바닷속으로 웃으면서 가라앉은 러시아 군함 '트리트리 톤스코이' 호의 함장처럼 독도 의용 수비 대장이란 명예를 절대 잊어서는 안 된다. 대원들 앞에 서서 솔선 수범해 주기 바란다."

"네, 할아버지! 명심하겠습니다."

할아버지에게서 청동 주전자를 받고 물러난 홍순칠은 갓 결혼한 아내에게 작별 인사를 했다.

"여보, 미안하오. 이제 가면 언제 올지 모르겠소."

"……."

"할아버지 잘 모시고 계시오."

"……."

눈물을 글썽이는 신혼 초의 새색시를 뒤로하고 홍순칠은 통신병 역할을 할 벨기에 산 비둘기 한 쌍을 넣은 상자를 들고 삼사호에 올랐다.

수비 대장인 홍순칠과 제1 전투 대원 등 15명을 태우고 도동항을 출발한 삼사호는 독도를 향해 전속력으로 내달렸다.

배가 출발한 지 30분쯤 되었을 때, 누가 먼저랄 것도 없이 우렁차게 군가를 합창하기 시작했다. 마치 300년 전에 안용복이 뱃노래를 우렁차게 부르며 독도를 향해 달려갔던 것처럼…….

밤새 달린 삼사호는 이튿날 아침에 드디어 독도 서도에 닿았다.

홍순칠은 '무사히 도착, 제2진 오라. 대장'이라고 쓴 쪽지를 비둘기의 다리에 매단 통에 넣어서 날려 보냈다. 하늘 높이 날아오른 비둘기는 울릉도를 향해 힘차게 날개짓을 했다.

수비 대원들은 한 시간 남짓 짐을 나르고 식사 준비를 했다. 보급선인 삼사호는 제2진을 싣고 오기 위해 곧바로 울릉도로 되돌아갔다.

첫날엔 제일 먼저 국기 게양대와 막사를 세웠다. 독도를 지키는 데는 동도가 유리했지만, 동도에는 가장 중요한 식수가 없었다. 그래서 우선 식수가 있는 서도에 막사를 세우기로 하였다.

제1대장은 적당한 곳에 올라가 국기 게양대를 설치하고 홍순칠은 막사 짓는 일을 감독했다.

다음 날, 수비 대원들은 떠오르는 아침 해를 바라보면서 국기 게양식을 했다. 모두 목이 터져라고 애국가를 불렀다. 수비 대원들의 눈에서 눈물이 흘러내렸다.

이 때 누군가가 소리쳤다.

"대장님! 저기 삼사호가 보입니다!"

제2진과 보급품을 실은 삼사호가 돌아오고 있었다.

2진이 합류하자 무기고를 만들기 시작했다. 자연 동굴을 이용하여 입구를 굵은 돌로 쌓은 다음, 시멘트로 틈을 메웠다. 기관총도 설치하였다.

복창하라, 독도는 한국 땅이다!

막사와 무기고를 만들고 난 뒤 훈련과 경계를 계속하던 6월 24일, 정상에서 보초를 서던 대원으로부터 급한 보고가 들어왔다.

서둘러 훈련을 중단하고 뛰어올라가 보니 흰 페인트로 깨끗하게 칠을 한 선박이 일장기를 휘날리며 접근해 오고 있었다.

홍순칠이 전원을 전투 배치시킨 후 쌍안경으로 배를 관찰하기 시작했다.

'음, 이상하군. 갑판에 기관포가 보이질 않는 걸 보니 경비정은 아닌 것 같은데……. 그래, 배 이름이 지토마루라고 쓰여 있는 걸 보니 경비정은 아닌 것 같군.'

"전투 1 대장, 2 대장 집합!"

홍순칠이 명령하자, 대원들이 신속하게 집합했다.

"저 배는 경비정이 아니고 다른 배 같다. 저 배를 나포(전쟁 중에 군함이 적국 또는 중립국의 선박을 포획하는 행위)해 봅시다."

"대장님, 저 배는 철선인데다 속도도 엄청납니다. 만약 우리가 전마선으로 접근했다가 저 배에 부딪치면 박살납니다."

또 다른 대원이 말했다.

"맞습니다. 스크루(나선으로 된 배의 추진기)에 말려서 죽을 수도 있습니다."

"대장님, 생포는 포기합시다."

홍순칠도 마음이 흔들렸지만 결연하게 말했다.

"그러니까 작전을 잘 세울 필요가 있습니다. 일단 가까이 접근할 때까지는 전원 몸을 숨기고 기다렸다가, 저 배가 기관을 멈추는 순간 기습하면 얼른 도망갈 수가 없을 테니 생포할 수 있을 거요."

"그래도……."

"자, 용기를 냅시다."

대장의 자신 있는 말투에 모두 마지못해 동의했다.

"좋습니다."

"그러면 밑으로 내려갑시다."

"그럽시다."

밑으로 내려온 홍순칠은 명령을 내렸다.

"전투 1 대장은 전마선에다 기관총을 설치하고 저쪽 모퉁이에 숨어 있다가, 신호를 하면 배가 후퇴할 곳을 막으시오.

안전을 최대한 명심하시오."

"알겠습니다."

"2 대장은 대원들을 데리고 여기, 여기에 숨어 있다가 내가 신호를 하면 몸을 드러내시오. 이 때 적에게 겁을 줘야 하니까 총이 잘 보이게 하시오."

"알겠습니다."

이윽고 독도 가까이에 접근한 배는 기관을 멈춘 채 독도를 관찰하고 바닷물을 길어서 실험 재료를 채취하는 등 부산을 떨었다.

홍순칠은 이 때다 생각하고 공포를 쏘며 소리를 질렀다.

"너희들은 포위되었다! 꼼짝 마라!"

섬에서는 총을 든 사람들이 배를 조준하고 있고, 바다에서는 기관총을 단 전마선이 후퇴할 곳을 가로막고 접근해 오자, 배에 타고 있던 사람들은 모두 어리둥절해서 손을 들 수밖에 없었다. 그들은 시마네현에 있는 수산 고등학교의 교사 및 학생들이었다.

홍순칠은 지도 교사 7명을 포함하여 학생들을 배에서 끌어내렸다. 모두 무릎을 꿇려 앉힌 뒤, 독도는 한국 땅이라는 것을 교육하기 시작했다.

"독도는 신라 시대 이사부 장군이 정복한 이래 한국 땅이다. 독도가 한국 땅이라는 사실은 〈세종실록지리지〉에도 나온다……"

"……."

"그놈들은 한국말을 모르니 아무리 교육해도 소용없어."

"그렇구나, 멍청한 놈들! 한국말도 모르는 놈들이 독도엔 왜 와? 이상 교육 내용에 질문 있나?"

"……."

"좋다. 그럼 모두 복창한다. 독도는 한국 땅이다!"

"……."

"따라 해라. 독도는 한국 땅이다!"

"도그도는 간코쿠 딴이다……."

"복창 소리 봐라, 그것밖에 안 되나?"

한 대원이 복창 소리가 작은 학생을 발로 툭툭 건드렸다.

"독도는 한국 땅이다!"

"도그도는 칸국 딴이다!"

"발음이 틀렸잖아! 다시 한 번, 독도는 한국 땅이다!"

"도그도는 한국 땅이다!"

"똑바로 못 해? 독도는 한국 땅이다!"

"독도는 한국 땅이다!"

"됐다, 이제 그만 하지. 전투 2 대장!"

"넷."

"오키까지 운항할 수 있는 물품만 남기고 나머지는 전부 내리시오."

"넷."

배에 있는 식량과 의약품들을 전부 내리고 나자, 홍순칠이 말했다.

"앞으로 한 번 더 한국 바다를 침범하면 그 때는 그냥 놔 두지 않겠다."

"와카리마시다. 시누즈미오토리마시다.(알겠습니다. 죽을 죄를 지었습니다.)"

"너희들은 학생 신분이고 교사이기 때문에 이번에는 돌려 보내는 것이다. 돌아가면 독도가 한국 땅이라는 것을 알리고 정부에도 잘 이야기하라. 알았나?"

"하이(네)."

"대답 소리 봐라, 알았나?"

"하잇(넷!)!"

지토마루가 돌아가자 일본 전체가 들끓었다. 독도에 있는 정체 모를 해적들에게 자기들의 수산 실습선이 약탈당했다는 것이었다.

일본 의회에서는 당장 독도에 있는 해적들을 몰아 내고 주권을 확립하라는 요구가 쏟아졌다.

1, 2차 전투

홍순칠은 수산 실습선인 지토마루의 나포 사건으로 흥분한 일본이 공격해 올지도 모른다고 생각하여 경계를 더욱 철저히 하도록 했다.

긴장감 속에서 경계를 하던 7월 12일, 약 1천 톤급으로 추정되는 일본 경비정이 마침내 안개 속에 나타났다.

"대장님! 큰일났습니다. 일본놈들이 쳐들어옵니다."

"전원 전투 준비! 명령이 떨어지기 전엔 절대 사격해서는 안 된다!"

전 대원이 전투 위치로 투입되었다.

전투 1대장은 경기관총으로 경비정을 겨냥하고, 2대장은 대원들을 바위 옆으로 배치해서 소총으로 조준하게 했다.

경비정이 서서히 다가왔다. 기다리고 있던 홍순칠이 소총으로 공포를 세 발 쏘았다.

"탕! 탕! 탕!"

서서히 다가오던 경비정이 정지하는 듯하더니, 다시 짙은 안개에 가려 보이지 않았다.

"저놈들 상륙하는 거 아냐?"

"대장님, 일제히 사격합시다."

"보이지도 않는데 사격해 봤자 실탄만 낭비하니까, 내 명령 없이는 사격하지 마라!"

그 사이에 일본 경비정에서는 난리가 났다.

"본부, 본부! 나와라, 오버!"

"여기는 본부, 무슨 일인가?"

"지토마루의 나포 사건을 조사하기 위해 다케시마(독도)로 접근하던 중 정체 불명의 무장 괴한들로부터 사격을 받았다."

"무슨 소린가? 다케시마에는 사람이 살 수 없다. 혹시 표류한 사람들이 아닌가 확인해 봐라."

"알았다."

경비정의 선장이 확성기를 잡았다.

"나가레데기타카.(표류했느냐?)"

"나가레데기타카."

"본부 나와라. 아무 응답도 없다. 더 이상 접근하면 위험하다."

"알았다. 더 이상 접근하지 말고 철수하라."

"알았다, 오버."

그 사이에 홍순칠은 피가 마르는 것 같았다. 만약 경비정이 기관포 사격을 가하면 적당히 피할 곳도 마땅치 않았다. 그는 대원들에게 다시 명령을 내렸다.

"배에서 무슨 소리를 하더라도 대꾸하지 말라! 일단 적이 상륙할 때까지 꼼짝 말고 기다려라!"

30분쯤 지나자 안개가 걷혔다. 경비정은 이미 사라지고 없었다. 결국 공포 세 발로 적을 물리친 셈이 되었다.

쌍안경으로 동도 쪽을 관찰하던 홍순칠이 소리쳤다.

"전원 철수!"

바싹 긴장한 채 엎드려 있던 대원들이 일어서면서 한마디씩 했다.

"자식들, 별거 아니잖아!"

"겨우 총 소리 세 방에 놀라서 줄행랑을 놓을 놈들이 뭐 하러 와?"

"다음 번에 오면 내가 방귀 세 방으로 쫓아 버려도 되겠네."

"아하하하!"

저녁에는 모처럼 아껴 두었던 소주를 꺼내 한잔씩 마시면서 잔치를 벌였다.

한편, 독도뿐 아니라 해안가에는 의식주의 어려움말고도 대원들을 괴롭히는 악조건이 많았다. 각다귀(깔따기)도 그 중 하나였다. 각다귀는 모기와 비슷하게 생겼지만 모기보다 훨씬 크고 몇 배나 독했다. 한번 물리면 심하게 붓고 통증도 심했다. 밤에는 물론이고 낮에도 덤벼드는 각다귀 때문에 대원들이 겪는 고통은 말이 아니었다.

견디다 못한 해병대 출신의 하자진 대원이 말했다.

"날마다 각다귀 공습에 견딜 수가 없으니 뭔가 장기적인 대책을 세워야 합니다. 각다귀 침이 몸을 뚫지 못하게 속옷까지 벗고 온몸을 단련시킵시다."

"그것 좋지! 그럼 나부터 벗는다."

모두 옷을 훌렁훌렁 벗어던지고는 바닷물로 뛰어들었다.

그 날부터 밤이나 낮이나 벌거벗고 지내면서 하루에도 몇 번씩 바닷물에 들어갔다가 나오고 일광욕을 하면서 피부를 단련시켰다.

섬에서는 맑은 날보다 비 오는 날이 많았기 때문에 세수할 필요도 없었다. 그저 바닷물로 이만 닦으면 되었다. 짭짤하니까 치약도 필요 없었다. 길게 자란 수염과 벌거벗고 태운 시커먼 몸은 영락없이 원시인이었다.

이렇게 매일 똑같은 생활이 되풀이되자, 수비 대원들은 지루하기 그지없었다.

"이야, 이게 아프리카 토인이지 어디 한국 사람이야?"

"아프리카 토인 중에서는 잘생긴 편이다."

"하하하하."

"에이, 그런데 일본 배 좀 안 나타나나?"

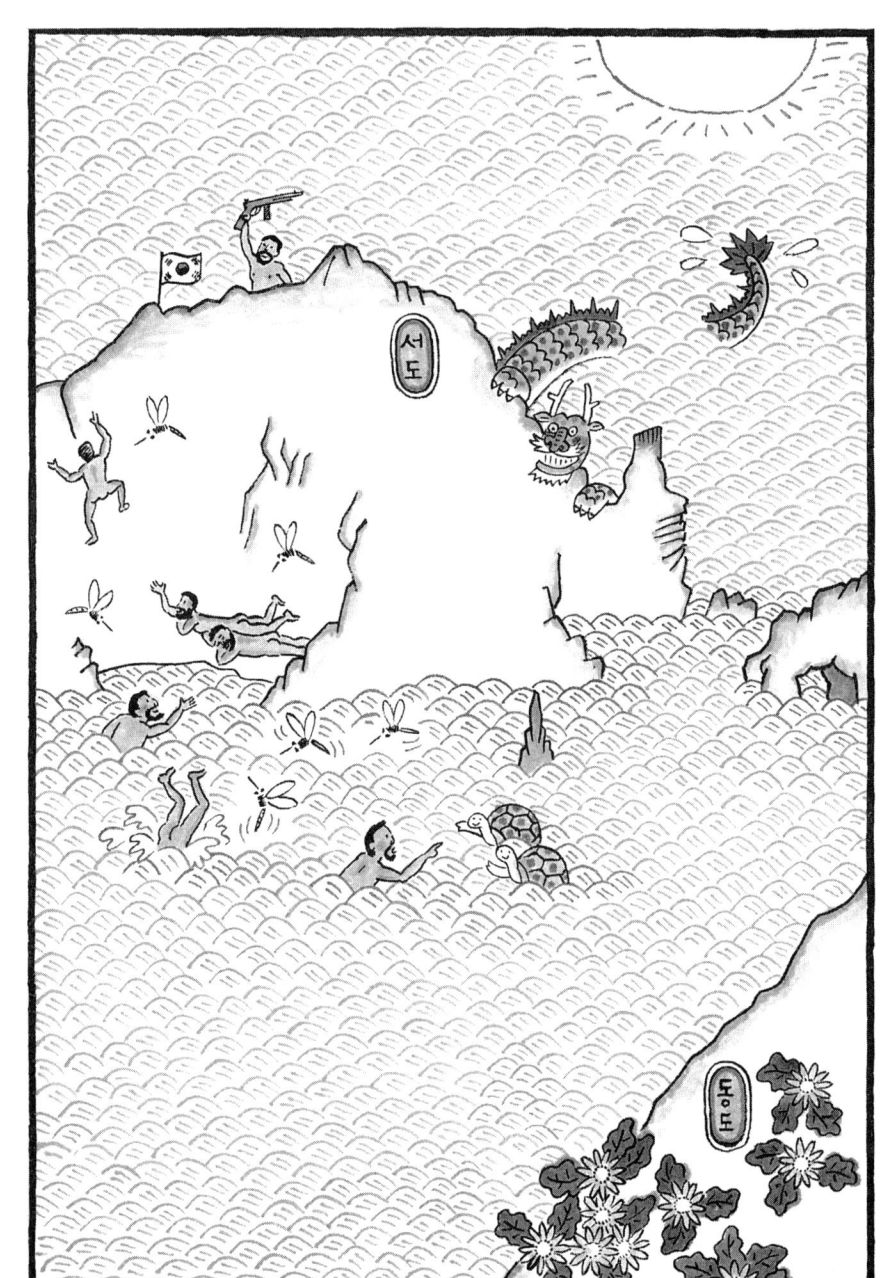

"그러게 말이야. 이번에는 붙잡아 버릴 텐데."

"자식들, 겁은 많아 가지고 총 한 발 못 쏘고 도망갈 걸 뭐하러 왔어."

"누구는 방귀 세 방이면 쫓아 버리겠다고 큰소릴 치던데."

"하하하하."

이렇게 무료한 날을 보내던 7월 12일, 일장기를 휘날리는 경비정이 가재바위 앞에 멈추어 섰다. 배 꼬리 부분만 4미터 정도 보일 뿐 앞부분은 가려져서 보이지 않았다.

"전원 전투 준비!"

전 대원은 총을 들고 즉각 전투 위치로 뛰어갔다.

"전투 2 대장!"

"넷!"

"기관총은 이상 없나?"

"넷! 이상 없습니다."

"좋아, 내가 명령하면 기관총으로 20발 정도 쏴라!"

"알겠습니다!"

"준비! 사격 개시!"

"타타타타……."

경기관총탄이 갑판에 명중되자 불꽃이 튀었다.

"야호, 명중이다!"

그러나 사격을 멈추고 쌍안경으로 확인해 보니 명중은 되었지만 갑판을 뚫지는 못했다.

"다시, 사격 준비!"

공격을 받은 경비정이 기관포를 쏘거나 상륙할지도 모른다고 생각한 홍순칠은 전 대원에게 다시 전투 준비를 하도록 명령했다.

그러나 기습 사격에 당황한 경비정은 기관포를 쏠 엄두도 못 내고 재빨리 동도 뒤쪽으로 도망쳤다. 선체는 보이지 않고 돛대 끝만 조금 보여서 어찌할 도리가 없었다. '중기관총이었다면 침몰시킬 수도 있었을 텐데.' 하면서 아쉬워하고 있는데 확성기 소리가 들렸다.

"카이조쿠카. 나가레데기타카.(해적이냐? 표류했느냐?)"

"뭐라고 하는 거야?"

"글쎄, 난들 아나."

"잘 먹고 잘 살라는 거 아냐?"

"조용히들 있어!"

잠시 침묵이 흘렀다.

그 사이에 일본 경비정에서는 다시 본부의 지시를 받고 있었다.

"본부, 본부! 적은 기관총으로 무장하고 있다. 접근이 불가능하다."

"사상자는 없는가?"

"사상자는 없지만 배가 총탄을 맞았다."

"괴한들의 정체는 파악했는가?"

"확성기로 물어도 대답이 없다."

"일본인들인가, 한국인들인가?"

"알 수가 없다."

"알았다. 더 이상 접근하지 말고 철수하라."

본부의 철수 지시를 받은 경비정은 그대로 가 버렸다. 이렇게 해서 2차 전투도 가볍게 승리할 수 있었다.

며칠 뒤, 다시 경비정이 나타나 수비대의 정체를 파악하기 위해 정찰하고 갔다. 하지만 수비대가 있는 서도는 전망이 좋지 않아 어디에서 와서 어디로 갔는지 정확히 확인할 수가 없었다. 위험하다고 판단한 경비정도 서도 쪽으로는 접근하지 않고 동도 쪽에서만 정찰하다가 돌아갔다. 그리고는 한동안 다시 나타나지 않았다.

여름 내내 알몸으로 단련한 수비 대원들은 점점 물개가 되어 갔다. 갈매기 알과 풍부한 물고기로 영양을 보충할 수는 있었지만 채소가 없었다. 그러나 독도에는 채소를 가꿀 만한 흙땅이 전혀 없어 가끔씩 울릉도에서 보내 주는 채소로 아쉬움을 달랠 수밖에 없었다. 가끔씩 설사가 날 때는 바게(독도에서 나는 이끼풀)를 쇠절구에다 찧어서 수제비를 만들어 먹기도 하였다.

이렇게 몇 달 생활하는 동안 서도는 수비대가 있기에 적당치 않다는 것을 깨닫게 되었다. 동도에 가려서 일본 쪽이 보이지 않았던 것이다. 회의 결과 동도로 진지를 옮기기로 했다. 그래서 매일 동도로 건너가 정상으로 올라갈 수 있는 통로를 만들고, 바닥을 평평하게 만들어 진지를 구축할 수 있도록 했다.

* * *

"그런데 수비 대원들이 어떻게 동도로 건너갔어요?"
"울릉도에서 전마선을 만들어 가지고 와서 이용했단다."
"네에."
"그러는 사이 가을이 되었지."
"그 동안 정부에서는 도와주지 않았나요?"
"그렇게 기대하면서 하루 이틀, 한 달 두 달이 지나갔지만 소식 한 점 없이 그럭저럭 가을이 되었단다. 북녘 시베리아에서 몰아치는 찬 바람이 독도를 날려 버릴 듯이 달려들었지. 수비대는 겨울이 오기 전에 비상용 식량으로 갈매기를 잡아 소금에 절였단다."
"갈매기를 어떻게 잡아요?"
"밤중에 한 사람이 손전등을 비추면 갈매기가 꽥 소리를 지르며 꼬리를 치켜든단다. 이 때 다른 사람이 장갑 낀 손으로 목을 틀어쥐면 되지. 그러던 어느 날, 아침에 나가 보니 전마선 두 척이 폭풍으로 전부 못 쓰게 되었단다. 한 척은 아예 떠내려가서 보이지도 않았고, 다른 한 척은 바위에 부딪혀 박살이 나고 말았지. 전마선이 있어야 동도로 건너가서 작업할 수 있기 때문에 급히 울릉도로 전마선을 만들어 보내 줄 것을 요청했지. 하지만 무슨 까닭인지 전마선은 빨리 오지 않았단다."

"그래서요?"

"할 수 없이 그 추운 겨울날 아침에 헤엄을 쳐서 동도로 건너가 통로 개척 작업을 하고는 저녁에 다시 헤엄쳐 돌아오는 일을 반복했단다. 능률이 오를 리가 없었지. 그래서 일단 작업을 뒤로 늦추고 공부를 하기로 했단다."

"무슨 공부요?"

"근무 일지를 쓰려면 한글을 알아야 하는데 모르는 대원들이 거의 대부분이었거든."

"왜 한글을 몰라요?"

"대원들 중에서 고등학교를 졸업한 사람은 한 사람도 없었고, 중학교 중퇴가 최고였거든. 대부분은 초등학교도 안 나와서 낫 놓고 기역자도 모르는 상황이었단다. 그래서 홍순칠은 중학교를 중퇴한 부관 황영문과 함께 대원들에게 글을 가르치기로 하고는, 교실도 없고 책상도 없는 학교를 만들어 겨울 내내 공부만 했지. 그러다 가끔 대원들의 생일이 돌아오면 울릉도에서 가져온 누룩으로 막걸리를 빚어 마시기도 했단다. 졸업장도 없는 학교였지만 모두들 열심히 공부했단다."

강제 동원

 긴 겨울이 지나가고 봄이 되자, 울릉도에서 삼사호가 새로 만든 전마선을 싣고 왔다. 동도에 진지를 구축하기 위해 본격적인 작업을 시작했지만, 다이너마이트가 없어서 정과 망치만으로 통로를 개설하자니 일이 잘 진행되지 않았다. 이런 식으로 작업을 하다가는 태풍이 올 때까지 진지는커녕 통로도 못 만들 것 같았다.
 "대장, 무식하게 돌만 깨지 말고 줄사다리를 놓읍시다."
 "어떻게?"
 "서도에서 동도 꼭대기로 줄사다리를 놓고 건너다니면 밑에서부터 통로를 개척할 필요가 없지 않겠소?"
 "그렇지, 진작 그 방법을 택할걸. 그래서 머리가 나쁘면 손발이 고생이라니까."
 "부관!"

"네."

"울릉도에 있는 우리 집 소나무 밭에 가서 소나무 원목하고 로프 200미터만 가지고 와라."

"알겠습니다."

그러나 줄사다리를 설치하기 위해 땅을 파던 수비 대원들은 암반이 나와 계획을 포기하는 수밖에 없었다. 기둥을 세우지 못하면 줄사다리를 설치할 수 없기 때문이었다.

대원들의 불평은 대단했다.

"대장!"

"무슨 일이오?"

"이건 순전히 대장 잘못이오."

"뭐가?"

"지금 우리가 있는 곳은 뒤가 절벽이기 때문에 적이 공격해 오면 몰살당할 수밖에 없소."

"나도 물 때문에 임시로 잡은 거지 여기를 영구 진지로 쓸 생각은 없소."

"작년에 처음 왔을 때 제대로 자리를 잡았어야 되는 거 아니오?"

"게다가 시야도 90도밖에 안 돼서 왜놈 배가 오는지 가는지도 알 수 없고."

또 다른 대원이 끼어들었다.

"중기관총 놓을 자리도 없고."

"파도만 높게 일면 우리는 전부 휩쓸려 갈 거요."

"이제 그만 철수합시다."

"잠깐만! 동지들, 우리가 어떻게 해서 이 섬에 왔소? 그리고 우리 덕분에 더 이상 일본 배들이 못 오는 거 아니오?"

"일없소. 그래서 얻은 게 뭐요? 정부에서 돈을 한푼 줬소, 쌀을 한 가마 줬소?"

이렇게 언성이 높아지자, 다른 대원이 조심스럽게 말했다.

"저…… 대장! 석수하고 목공을 데려다 공사를 합시다."

"그래, 그게 좋겠군."

"그럼 빨리 서두릅시다."

"알았소."

대답은 했지만 홍순칠은 난감하기만 했다. 목수와 석수를 데려와서 공사를 하자면 인건비만 해도 천만 원 이상이 필요했다. 이제 울릉도에 있는 나무도 거의 다 베어서 팔아먹었기 때문에 더 이상 벨 나무도 없고, 자형에게 더 이상 부탁할 수도 없는 형편이었다.

며칠간 고민하던 홍순칠은 모험을 하기로 결심했다.

비둘기 발목에 달려 있는 통신함 속에 '삼사호 화급 독도로 보내라. 대장'이라는 연락 사항을 넣어 비둘기를 울릉도로 날려 보냈다.

삼사호를 타고 울릉도로 나온 홍순칠은 섬 안에 있는 석수와 목수의 이름과 주소를 파악하고, 건장한 장정 2백 명의 명단도 적어 오라고 했다. 김병렬, 유원식 대원이 서로 반대 방향으로 돌면서 목수, 석수 30여 명과 장정들의 주소, 이름을 파악해 왔다.

그리고 민병대 감독관 앞으로 온 병사구 사령관의 직인을 위조해서 가짜 도장을 만들었다. 그리고는 군청에 있는 병사 관계 법령집을 보고 소집 영장 서식과 똑같은 서식으로 가짜 영장 3백 장을 만들었다.

수비 대장 홍순칠, 지원 대장 유원식, 예비 대장 김병렬, 보급 주임 김인갑 이렇게 넷이서만 음모를 꾸미고 다른 수비 대원은 물론 군수와 서장도 감쪽같이 속였다. 영장을 발부할 날짜는 연락선이 항구에 들어오는 날로 정했다.

드디어 포항 경찰서에서 배가 출발했다는 무전 연락이 왔다. 배는 사흘 후에 도착했다. 즉시 소집 날짜를 기입한 후 저녁때 경찰서에 정식으로 접수시켰다. 그리고는 군수를 찾아가서 병사구 사령부에서 영장이 발부되었는데, 혹시 소집에 응할 수 없는 사람들이 있으면 민병대 감독관인 홍순칠에게 바로 보고하도록 각 면에 지시해 달라고 했다. 또한 군청 행정선으로 일꾼들을 수송해 주고 식사도 군에서 담당해 달라고 정식으로 요청했다.

이윽고 소집일이 되었는데, 석수 중에는 50세가 넘은 사람도 있었다. 당연히 항의가 나올 수밖에 없었다.

"도대체 나 같은 늙은이더러 나오라고 한 게 어떤 놈이야?"

"병사구 사령관이오."

"사령관이면 다야? 난 못 간다고 하시오."

"무슨 말씀이오?"

"아무튼 난 못 가. 콩밥 먹이려면 먹이라고 해."

"영감님, 울릉도는 울릉도 사람이 지키라고 지금까지 병사구 사령부에서 젊은이들을 군대에 데려가지 않았던 거요. 한 열흘 정도만 가서 일하면 되는 걸 가지고 못 가겠다고 거절하겠다면 마음대로 하시오. 대신 내가 울릉도 청년들 전부를 군에 입대시키라고 사령관에게 보고할 거요. 우리는 국방 경비대 시절에 전부 군에 갔다 왔는데, 지금은 왜 안 가는지 도대체 알기나 하고 떠드는 거요? 도망가고 싶은 사람은 가시오. 독도에 가서 일하는 열흘보다 몇십 배 더한 감옥살이를 하게 해 주겠소."

홍순칠의 호통 소리에 웅성대던 사람들이 순식간에 조용해졌다. 군수나 경찰서장도 전혀 모르고 속아 넘어가는 판에 일반인은 더더욱 알 수가 없었다. 그저 의용 수비대를 무슨 특무대쯤으로 알고 있을 뿐이었다.

소집된 사람들은 안전을 위해 군청에서 지원해 준 행정 선박과 삼사호를 이용해 이틀 간격으로 50명씩 수송했다.

그러나 2백 명쯤 되는 사람들을 외딴섬인 독도에서 작업시킨다는 것은 쉬운 일이 아니었다. 잠잘 숙소는커녕 몸을 누일 편평한 땅조차 없었다. 밥이나 반찬 준비 또한 거의 불가능했다. 쌀은 있어도 물 때문에 밥을 지을 수가 없는 형편이었다.

식수는 빗물을 받아서 썼다. 부식은 간장과 된장, 고춧가루만 울릉도에서 가져오고, 소집한 젊은이들 가운데서 잠수 잘 하는 사람 5명을 뽑아 장비와 물안경을 주고 소라, 전복 등을 따서 먹도록 했다. 거의 맨땅에서 교대로 자면서 밤을 새워 작업을 해 나갔다.

울릉도에 있는 홍순칠의 자형이 야간 작업 때 마시라고 소주 10드럼과 함께 의사 조수 1명과 구급 약품도 지원해 주었다. 하지만 다이너마이트도 없이 전부 정과 망치로 하는 작업이라 계속 부상자가 발생했다.

그 중 한 사람은 굴러떨어지는 돌에 머리를 심하게 다쳐 급히 울릉도로 옮겼지만 끝내 숨지고 말았다. 숨진 사람이나 부상당한 사람들에 대한 보상은 생각조차 못 할 형편이었다. 그저 밤낮으로 술기운을 빌려 작업하면서 고통을 잊고자 하는 것이 전부였다.

가짜 소집 영장에 속아 소집된 사람들이 독도에 도착해서 작업을 시작한 지 12일 만에 드디어 동도 정상까지 계단을 설치하고 계단 옆에 줄사다리를 설치하기에 이르렀다. 정상에는 수비대가 생활할 수 있는 막사까지 지었다. 비록 가짜 소집 영장에 속은 것이기는 하지만, 독도를 지키겠다는 생각이 아니었으면 거의 불가능한 작업이었다.

* * *

"그런데 할아버지, 가짜 소집 영장을 만든 건 범죄 아니에요?"

"그렇지. 죄도 아주 큰 죄지. 하지만 당시 홍순칠 대장으로서는 다른 방법이 없었단다."

"나라를 지키기 위해 범죄 행위를 할 수밖에 없었다는 게 참 안타까워요."

"그래, 할애비도 울화통이 터지는 것 같구나."

여기는 독도! 울릉도 나와라, 오버!

이제 독도 수비대는 동도의 정상에 머물 수 있게 되었다. 동도의 정상은 전망이 좋아서 일본 경비정의 접근을 쉽게 알 수 있었다.

훈련과 경계를 계속하던 8월 23일, 일본 해상 보안청 소속 경비정인 오키호가 접근하고 있다는 보고를 받았다. 홍순칠은 전원 전투 배치를 명령했다.

"경거 망동하지 말고, 접근할 때까지 기다려라!"

"그러다가 기관포를 쏘면 우리만 당하는데요."

"걱정하지 마라. 이 곳은 뒤에 숨을 수 있는 바위들이 많기 때문에 문제없다."

홍순칠은 동도로 옮기기를 잘 했다고 생각했다.

드디어 경비정이 300미터 가까이 접근했다.

"기관총 사격 개시!"

"타타타타……."

"야호, 명중! 명중! 계속 명중!"

수비대가 서도에만 있는 줄 알고 방심한 채 동도로 접근하던 경비정은 당황했다.

"본부 나와라! 다케시마의 동도도 괴한들이 점령하고 있다, 오버."

"알았다. 더 이상 접근하지 말고 즉시 철수해라."

기관총 사격을 받은 경비정은 뱃머리를 돌려 달아나기 시작했다.

"적이 도망간다! 계속 쏴라!"

이윽고 수평선 너머로 경비정이 사라졌다.

3차 전투도 완벽한 승리였다. 이 전투 이후 대원들의 사기는 하늘을 찔렀다. 이젠 어떤 적이 공격해 와도 물리칠 수 있을 것 같은 자신감이 느껴졌다. 저녁때는 오래간만에 막걸리로 잔치를 벌였다.

"대장님, 기관총 사수만 남겨 놓고 전부 울릉도로 철수합시다."

"왜?"

"기관총 한 방이면 꽁지가 빠져라고 도망가는데, 다른 사람들이 있으면 뭐 합니까?"

"맞아, 나는 소총 한 번 못 쏴 봤어."

"하하하하, 그것도 그래. 그런데 전부 철수하면 보초는 누

가 서지?"

"맞아, 기관총 사수가 아침에 나와 봤더니 기관총이 없어졌어. 그 다음엔 어떻게 할 거야?"

"하하하, 기관총을 훔쳐 간 엿장수를 잡아다가 족쳐야죠."

"하하하하……."

그러나 홍순칠은 불안했다. 일본이 본격적으로 공격해 오지 않았을 뿐이지 만약 본격적으로 공격해 온다면 어떠한 일이 벌어질지 자신이 없었다. 그는 더욱 경계를 철저히 하도록 명령했다. 특히 야간 경계에 더욱 신경 쓰도록 했다.

그런 가운데서도 일본 경비정의 기습보다 더욱 고통스러운 것은 각다귀의 공습이었다. 물개처럼 피부가 두꺼워져 웬만한 데는 물려도 물렸는지 모를 정도가 되었지만, 얼굴만은 어쩔 수가 없었다. 그런데 각다귀들은 용케 얼굴만 가려서 쏘아 대는 것이었다.

홍순칠은 먹을 것을 해결하기 위해 울릉도로 나왔다. 40명이나 되는 인원이 벌지는 못하고 먹기만 하니 거기에 들어가는 돈이 만만치 않았다. 그렇다고 정부에서 도와 주는 것도 아니었다.

홍순칠은 일단 울릉도에서 외상으로 식량과 간장, 된장 등을 구입했다. 하지만 군복은 구할 수가 없었다. 할 수 없이 집을 담보로 돈을 빌려 부산 가는 사람에게 군복을 사다 달라고 부탁하고는 독도로 돌아왔다.

사흘 후에 경상북도 경찰국장으로부터 대구에서 만나자는 전갈이 왔다.

당시 경상북도 경찰국장은 '백두산 호랑이'라는 별명을 가진 김종원이었다.

"아쉽게도, 그래서 일본 경비정을 놓쳤습니다. 대포만 있었으면 문제없었는데."

"아깝다, 아까워! 그걸 잡았어야 하는 건데. 잡으세요, 앞으로는 잡아서 끌고 오세요."

"그러니 대포 한 문만 주십시오. 안 되면 박격포라도 하나 주십시오."

"알았습니다. 그리고 뭐 다른 건 없습니까?"

"왜 없겠습니까? 비둘기를 이용해서 연락 사항을 전달하고 있는데, 무전기도 있으면 한 대 주십시오."

"알았습니다. 내가 한 달 안으로 지원해 드리겠습니다."

모처럼 대구로 나와 박격포와 무선 시설을 지원받기로 한 홍순칠은 경상북도 도지사까지 만나 봐야겠다고 생각했다.

거지가 찾아온 줄로만 알고 상대도 안 해 주는 비서관을 가까스로 설득하여 면담을 허락받았다.

"수고가 많소, 홍 대장."

"우리가 이렇게 나라를 위해 고생하고 있는데, 나라에서 지원 좀 해 주셔야 하는 거 아닙니까?"

"어떻게 지원해 주면 좋겠소?"

"지사님, 구호 양곡 3백 포만 주십시오."

"그렇게나 많이요?"

"지사님, 구호 양곡엔 미국 수수쌀과 강냉이 가루뿐인데, 그걸 우리가 독도에서 먹을 수는 없잖습니까? 어차피 쌀로 바꾸면 얼마 되지도 않습니다. 기왕 주실 거면 1년분은 주셔야지요."

"알았소. 사회국장!"

"예."

"이 홍 대장이 독도 의병 대장인데, 홍 대장에게 구호 양곡 3백 포를 지급하시오."

"알겠습니다. 홍 대장님, 따라오십시오."

"지사님, 고맙습니다."

사회국장은 홍순칠에게 관련 서류를 작성하게 했다. 홍순칠은 은근히 가슴이 부풀어올랐다. 구호 양곡을 팔아서 미군 부대에서 흘러나오는 시레이션(미군들의 야전 식량)으로 바꾸면 대원들에게 푸짐한 선물이 될 수 있기 때문이었다.

그런데 담당 계원들을 재촉하여 서류를 작성한 사회국장이 옆방으로 들어갔다가 나오더니 미안한 표정을 지었다.

"저, 홍 대장님. 문제가 생겼습니다."

"뭐가요?"

"미군 소령이 결재를 안 해 줍니다."

"아니, 뭐라구요? 도지사 결재가 났는데 무슨 소립니까?"

"구호 양곡은 전쟁으로 피해를 입은 난민을 위해 쓰라고 주는 것이므로 일본하고 싸우는 한국 경비대에는 줄 수가 없답니다."

"그럼 도지사가 미군 소령보다도 낮다는 얘기요?"

"저, 그런 게 아니고…… 구호 양곡 자체가 미국에서 주는 것이다 보니 그 사람들이 관리하기 때문에……."

좋다가 말았지만 어쩔 수가 없었다. 홍순칠은 다시 도지사를 찾아갔다.

"미안하오, 홍 대장. 구호 양곡말고 다른 건 뭐 도울 게 없겠소?"

"독도의 미역 채취권은 지사님 마음대로 할 수 있는 거 아닙니까? 그걸 우리한테 주십시오."

"알았습니다."

도지사는 그 자리에서 수산과장을 불렀다.

"수산과장, 울릉도 군수에게 공문을 띄워서 내년부터 독도 미역 채취는 독도 의용 부대에서만 할 수 있도록 조치하시오. 아시겠소?"

"예, 지사님."

홍순칠은 수산과장에게 잘 부탁한다는 인사를 하고 다시 경찰국장을 찾아가 언제 시간을 내어 독도에 한 번 다녀갔으면 좋겠다는 이야기를 했다. 경찰국장은 무선 시설이 완공된 후 꼭 다녀가겠다고 약속했다.

　홍순칠이 독도로 돌아온 지 1주일 만에 해안 경비대 소속 함정이 무선 시설을 설치할 경찰관을 싣고 왔다. 수비 대원과 같이 열흘 가량 공사를 하자 시설이 완공되었다.

　"여보세요? 여기는 독도, 여기는 독도. 울릉도 나와라, 오버!"

　"치익—칙……."

　"안 되잖아?"

　"치익—칙……. 여기는 울릉도, 여기는 울릉도. 독도 나와라, 오버!"

　"만세! 나온다! 아, 여기는 독도. 들리는가?"

　"…… 잘 들린다."

　"여기도 잘 들린다."

　생각보다 무전 소리가 아주 잘 들렸다.

　"고맙습니다. 아주 훌륭합니다."

　"그런데 이 장비는 아무나 작동시킬 수 없습니다."

　"그게 무슨 말이오?"

　"이건 무선 시설이기 때문에 통신사 자격을 가진 경찰관만이 교신할 수 있습니다."

　"그럼 어떻게 해야 합니까?"

　"대장님께서 요원을 추천해 주시면 저희가 훈련을 시킨 후 경찰관으로 임용해서 독도에 배치하겠습니다."

"알겠습니다. 그런데 누가 좋을까?"

홍순칠이 주변을 둘러보면서 물었다.

"제 동생 학도가 그 일을 잘 해낼 겁니다. 그 애가 울릉도 무선국 견습생으로 있습니다. 그러니 별도로 훈련받을 필요도 없고요."

허신도 대원이 자신 있게 말했다. 그리고 또 다른 대원이 무선국에 근무하고 있는 자기 동기생 김정수를 추천했다.

그러자 경상북도 경찰국 무선 계장이 말했다.

"잘 됐습니다. 그럼 두 사람을 경찰관으로 특별히 채용한 뒤 김정수 씨는 울릉도 경찰서에, 허학도 씨는 독도에 근무하도록 조치하겠습니다."

이렇게 하여 허학도 대원이 통신사로 독도에 들어오고 난 뒤부터 수비 대원들은 무선 시설을 이용하여 일본 방송을 듣고 세상 돌아가는 것을 알 수 있게 되었다. 그때 그때 기상 예보도 들을 수 있었다. 일본인들과 싸워야 하는 사람들이 자기 나라 방송은 못 들으면서 일본 방송만 듣는 이상한 상황이 된 것이다. 하지만 통신 시설의 개통으로 대원들의 사기는 더욱 높아졌다.

며칠 후, 부산 가는 사람에게 부탁했던 군복과 생활용품 따위를 실은 삼사호가 전마선을 끌고 독도로 왔다. 지난 겨울 서도에 있을 때 떠내려간 전마선에 이어 네 번째 것이었다.

그리고 겨울에 전마선을 올려놓기 위해 선양장을 건설했다.

전마선 한 척을 만들려면 쌀 열 가마를 주어야 했다. 돈도 문제였지만 전마선이 없으면 서도의 물을 운반할 수가 없기 때문에 전마선은 생명선이나 마찬가지였다.

전마선을 잘 관리하기 위해 시작한 공사였지만, 맨손으로 하자니 여간 고된 게 아니었다. 독도는 여기저기에 '폭풍 주의'라고 써 놓지 않으면 안 될 정도로 특히 바람이 셌다. 그래서 툭하면 전마선이 떠내려가거나 바위에 부딪혀 산산조각 나 버렸다.

수비대는 훈련과 경계를 계속하면서 전마선이 파도에 떠내려가지 않도록 배를 올려놓을 수 있는 선양장을 건설하였다.

4차 전투

1954년 11월 20일.

경찰국장 일행이 위문차 독도를 방문한다는 무전을 보냈다. 그런데 기상 예보에 의하면 태풍이 올라오고 있다는 것이었다. 바람 부는 속도를 계산해 보니, 오전 중에는 별 문제가 없을 것 같았다. 그리고 이미 울릉도까지 와 있는 사람을 못 오게 할 수도 없었다.

오전 10시가 되자 울릉도 쪽에서 해군 함정이 나타났다. 그 뒤에는 울릉도 어선 한 척이 뒤따르고 있었다. 이윽고 동도의 서남 해상에 해군 함정이 멈추자, 일행은 어선을 이용해 상륙하기 시작했다. 경찰 악대 20여 명을 포함하여 모두 50여 명이나 되었다. 김종원 경찰국장이 선두로 밧줄을 잡고 모두 정상까지 올라왔다.

간단한 식순에 따라 경찰국장의 격려사와 경상북도 의회

부의장의 위문사가 진행되었다. 그리고 이승만 대통령이 전하는 박격포와 포탄 1백 발에 대한 전달식이 거행되었다.

그들이 도착한 지 그럭저럭 2시간쯤 되자 파도가 높아지기 시작했다. 바닷가에 내려놓은 위문품과 포탄이 파도에 휩쓸릴 염려가 있으니 빨리 위로 올려야 한다는 보고가 올라왔다.

우선 밑으로 내려가 위문단을 보내는 일이 시급했다. 밑으로 내려가 어선을 이용해 1진을 해군 함정에 타게 했다.

나머지 2진과 얘기를 나누고 있는데 뒤에서 "아아악!" 하고 뭔가 떨어지는 소리가 들렸다. 돌아다보니 통신사 허학도 대원이 계단에서 떨어져 머리가 깨진 채 즉사한 것이었다. 독도는 섬 자체가 급경사라 계단 옆이 낭떠러지인 곳이 많아 항상 사고의 위험이 있었는데, 허학도 대원이 발을 헛디뎌 그만 사고를 당한 것이었다.

대원들은 사고 원인을 따져 볼 겨를도 없이 위문품을 포장했던 가마니를 풀어 시신을 묶고 배에 실었다. 이 때 벌써 파도는 5미터를 넘고 있었다.

홍순칠은 울릉도에 무전을 보내 시신을 실은 배가 무사히 도착했는지 감시해 줄 것과 군수로 하여금 장례식을 주관해 줄 것을 부탁했다. 그리고는 위문품과 박격포를 정상으로 올리려는데 파도가 더욱 거세어졌다. 박격포의 조준대가 파도에 휩쓸려 갔다. 조준대가 없으면 박격포를 조준할 수가 없게 되어 쓸모 없게 되고 만다. 그러나 무엇보다 안타까운 것은 허학도 대원의 죽음이었다.
 하자진 대원이 술을 가지고 왔다.
 "대장, 기분 전환도 할 겸 술 한잔 합시다."
 홍순칠은 단숨에 술을 들이켜고 물었다.
 "어떻게 된 거야?"
 김재두 대원이 눈물을 글썽이며 말을 이었다.
 "위문 온 사람 중에 하나가 카메라집을 두고 내려왔다고 하니까, 몸이 날렵한 허 대원이 자기가 가져오겠다며 되돌아가서 카메라집을 가지고 급히 내려오다가 그만……."
 위문단에 대한 화가 울컥 치밀어올랐다. 도대체 위문품 몇 개와 허 대원의 목숨을 바꿨다고 생각하니 위문품을 쳐다보기도 싫었다.
 "항상 긴장을 늦추지 말고 생활하시오. 안전 사고란 해이해진 정신에서 온다는 걸 항상 명심하시오."
 홍순칠은 애꿎은 대원들에게 화풀이를 했다.
 당장 필요한 통신 일을 김수봉 대원이 하겠다고 했지만 홍순칠은 거절하고 자신이 직접 하기로 했다.

 다음 날 해 뜰 무렵, 밖에서 보초의 고함 소리가 들려 왔다.
 "사방에서 일본 경비정이 우리 쪽으로 오고 있습니다."
 "1대장! 빨리 밖으로 나가서 확인해 봐!"
 소리를 치고 밖으로 나오니 동·서·남 삼면에서 일본 경비정이 접근해 오고 있었다. 쌍안경으로 확인해 보니 'PS 9, PS 11, PS 16'이라고 새겨진 해상 보안청 소속 경비정이었다.

"전원 전투 배치!"

"박격포는 제1 대장이 지휘하고, 내 명령이 떨어지기 전까지는 쏘지 말라."

"알겠습니다."

일본 경비정이 500미터 가까이 접근할 때쯤 한쪽 날개에 폭탄을 6개씩 단 비행기가 저공으로 독도 상공을 향해 비행하기 시작했다.'

홍순칠은 올 것이 왔다고 생각했다.

"소총을 가진 대원들은 대공 사격 자세를 취하고 기관총과 박격포만 사격한다."

"알겠습니다."

"사격 개시!"

"탕!"

홍순칠은 명령과 함께 권총을 쏘았다.

"타타타타…… 쾅…… 쾅……."

기관총과 박격포가 동시에 불을 뿜었다.

그러나 경비정들은 계속해서 접근해 왔다.

"좀 잘 맞혀 봐! 하나도 안 맞잖아!"

"알았어!"

"쾅…… 타타타타…… 쾅…… 타타타타……."

"왼쪽으로, 왼쪽으로!"

"알았어."

"쾅…… 타타타타…… 쾅……."

"맞았다!"

동쪽에서 접근해 오던 PS 16이 박격포탄에 명중되어 검은 연기를 내뿜었다. 의용 수비대를 몰아 내고 독도를 차지하겠다고 공격해 온 경비정이 포탄을 맞은 것이다.

"본부, 본부 나와라. 다케시마에 있는 괴한들이 기관총은 물론 대포도 가지고 있다. 큰일났다! 우리 배가 맞았다, 오버."

"사상자는 없는가?"

"열 명이 넘는다. 이대로는 안 되겠다."

"알았다. 전원 철수하라."

포탄을 맞은 PS 16이 뱃머리를 돌려 도망치기 시작했다. 곧 이어 PS 11과 PS 9도 진로를 바꾸어 수평선 쪽으로 도망쳤다. 비행기는 독도 상공만 몇 번 빙빙 돌고는 공격 없이 그대로 날아가 버렸다.

이 날 박격포탄이 9발, 중기관총탄이 5백여 발, 경기관총탄이 5백여 발 소모되었다.

대원들은 치열한 전투 끝에 적을 무찔렀다는 통쾌감에 환호성을 질렀다. 일본 경비정이 하루 만에 허학도 대원을 잃은 슬픔에서 벗어날 수 있는 계기를 제공해 준 셈이었다.

다음 날, 일본 뉴스에서는 독도의 해적에게 실습선과 경비

정이 공격을 받았으며, 경비정 승무원 가운데 16명의 사상자가 발생했다는 사실이 크게 보도되었다.

그리고 나서 며칠 뒤, 독도 우표를 붙인 한국 우편물의 수취를 거부한다는 일본 방송이 들려 오기 시작했다.

지난번에는 일본 경비정을 가까스로 쫓아 버릴 수 있었지만, 날이 갈수록 독도 수역을 침범하는 일본 경비정 수는 늘었다. 대원들은 불안해졌다.

"명사수라고 하더니, 아홉 발 쏴서 겨우 한 발 맞춰? 나도 그 정도는 하겠다."

김수봉 대원이 박격포 사수인 이상국 대원을 놀려 댔다.

"조준대만 구해 와 봐, 백발백중시킬 테니까. 조준대 없는 박격포는 눈뜬 장님인데, 나보고 더 이상 어떻게 하라는 말이야?"

"덜떨어진 목수가 연장 타령한다더니……."

"나로 말하면 국방 경비대에서 박격포 사수 노릇을 했고, 전쟁 때는 야포대에 있었다."

"누가 그걸 몰라?"

"나더러 글씨를 쓰라고 하면 열 자도 못 쓰지만 대포를 만들라고 하면 얼마든지 만들 수 있다. 그래서 말인데…… 대장님, 우리 대포 하나 만듭시다."

"대포라니, 무슨 수로?"

"작년에 대장이 목수들 끌고 왔을 때 남겨 둔 연장도 있고,

무선 시설을 설치하러 온 경찰국 사람들이 두고 간 페인트도 있습니다."

"그런데?"

"대장님만 좋다면 겨울에 내가 그걸 이용해서 대포하고 포탄을 한번 만들어 보겠소."

"가짜 대포?"

"그렇습니다."

"그래, 그거 좋은 생각인데?"

"그럴 듯하게 하나 설치해 놓읍시다. 일본놈들이 그걸 보고 어떻게 하는지."

2대장인 정원도 대원이 말했다.

"대장, 그렇게 합시다. 금년에는 독도 미역을 우리 수비대만 채취할 수 있도록 도지사에게 허가받았으니, 우리 대원들은 여기저기 흩어져 열심히 미역을 채취해야 합니다. 그럴 때 일본 경비정이나 비행기가 오면 이미 상황이 늦어져 손을 쓸 수가 없게 됩니다. 매달 20일에서 25일경에 경비정이 오고 있는데, 이상국 대원 말대로 하면 아마 쉽게 접근하지 못할 겁니다. 또 울릉도에서 새로 재료를 가져오는 것도 아니고 여기 있는 저 소나무 원목이면 충분하니까 그렇게 해 보는 게 좋겠습니다."

다들 그게 좋겠다고 해서 대포와 포탄 만드는 일에 바로 착수했다. 대패와 자귀를 이용해 소나무를 깎고 다듬은 후,

검정색 페인트를 칠했다. 드디어 직경 30센티, 길이 4미터짜리의 웅장한 대포가 탄생했다.

"이야, 대단한데! 진짜보다 더 좋구먼……."

"내가 독도에 안 오고 목수일을 했으면 지금쯤 돈방석에 앉아 있을 거다."

"그보다 국방부 대포를 절반쯤 납품했겠는데?"

"가짜 대포 납품했다고 교도소에나 안 갔으면 다행이지."

"하하하하!"

"이건 조준대고, 이건 방향을 돌리는 데 쓰는 거고…… 근데 진짜 돌아가나?"

"한번 돌려 봐, 돌아가나."

"어어? 돌아간다!"

"돌아가야 왜놈들이 속을 거 아냐?"

"이놈들, 오기만 해 봐라. 이 대포로 그냥……."

"하하하, 대포 소리는 누구 방귀 소리로 대신하면 되겠네."

"하하하하!"

대포가 완성되자 경계병을 빼고는 지난해와 같이 또다시 공부에 열중했다. 그 후 몇 번인가 일본 해상 보안청 경비정이 나타났지만, 대포의 덮개를 벗기고 포구를 서서히 경비정 쪽으로 돌리기만 하면 경비정은 꽁지가 빠져라 도망을 치곤 했다. 그리고는 아예 대포의 사정 거리를 고려한 듯 멀리서 잠깐 나타났다가는 이내 사라졌다.

겨울을 보내고 1955년 2월 중순이 되었다. 홍순칠은 독도에서 쓸 보급품을 확보하고 장비를 보완하기 위해 울릉도로 나왔다.

막상 울릉도로 나왔지만 지난해에 외상으로 가지고 간 쌀값도 미처 갚지 못한 상황이었기 때문에 다른 물건을 살 수가 없었다. 미역 채취는 더 해 봐야겠지만, 작업을 완전히 마치려면 7월이 지나야 했다.

 결국 홍순칠은 할아버지를 육촌 형님 댁으로 모시게 하고 부인과 그 동안 생긴 첫딸을 셋방으로 옮겼다. 전에 자형이 사 준 여관도 팔아서 일단 외상값부터 갚았다. 나머지 돈으로는 식량과 필요한 물자를 사서 독도로 돌아왔다.

 며칠 후, 제주도에서 해녀 52명이 왔다. 그 날부터 동도에는 최소한의 인원만 남고, 서도에서 해녀들과 함께 전 대원이 미역을 채취했다. 그렇게 해서 채취한 미역값에서 해녀들 인건비를 빼고 나니 겨우 2백여만 원에 불과했다. 연간 독도 운영 경비의 5분의 1도 되지 않는 돈이었다.

 홍순칠은 채취권을 독점해 봐야 울릉도 주민들에게 인심만 잃을 뿐 별다른 도움이 되지 않는다고 판단하고 채취권을 반납했다.

독도는 아무나 지키나

 운영 경비에 쪼들리던 홍순칠은 다시 대구로 나가 경찰국장 김종원을 만났다.
 "이제 더 이상은 저도 어쩔 수가 없습니다."
 "미안하오, 홍 대장. 지금 나라에선 거기까지 신경 쓸 여유가 없소."
 "1년에 들어가는 돈만 해도 천만 원이 넘습니다. 산도 팔고 집도 팔고 나니, 이젠 더 이상 팔 것도 없습니다."
 "홍 대장의 처지를 내가 왜 모르겠소? 저…… 홍 대장이 경찰에 들어와서 계속 독도 수비를 맡아 주면 어떻겠소?"
 "내가 경찰로요? 그건 사양하겠습니다. 일단 경찰에서 독도를 맡아 주십시오. 그럼 내가 대원들에게 이야기해서 희망자를 경찰에 편입시켜 계속 독도에서 근무하도록 하겠습니다. 그러니 일단 경찰에서 맡아 주십시오. 그리고 경찰에서 인수받는다고 해도 그 날로 우리가 전부 철수하는 것도 아니니, 경찰들과 한두 달 함께 생활하면서 적응할 수 있도록 도와 주면 큰 문제는 없을 겁니다."

"그런데 우리 도내에서는 독도 근무를 자원할 사람이 한 명도 없으니 큰일 아니오? 낭팬데, 낭패야. 어떻게 한다? 어떻게 홍 대장이 마음 좀 돌릴 수 없겠소?"

"안 됩니다. 나는 할 일이 따로 있습니다."

"알겠소. 가 있으면 조치를 취해 드리리다."

울릉도로 돌아온 홍순칠은 우선 곧 닥쳐 올 겨울을 대비하기 위해 준비해야 했다. 그러나 돈이 없었다. 마무리를 잘 해야겠다고 생각한 홍순칠은 마지막으로 남은 논 스무 마지기와 밭 열 마지기를 모두 팔아야겠다고 결심했다. 울릉도 제일의 갑부 손자가 울릉도 제일의 거지가 되는 순간이었다.

홍순칠은 땅을 팔아 마련한 돈으로 필요한 물품을 사 가지고 독도로 돌아왔다.

다시 갈매기를 잡는 등 월동 준비에 한창이던 10월 어느 날, 30여 명의 경찰관들이 해군 경비정을 타고 독도로 왔다. 경상북도 내 각 경찰서에서 의무적으로 한 사람씩 빼내 왔다는 것이다. 그런데 이들은 나이도 많았고 강제 모집에 심한 반감을 갖고 있었다. 몇 사람은 뱃멀미를 핑계로 아예 배에서 내리지도 않았다.

그래도 조심스럽게 섬으로 오르자고 이야기하자, 한 사람이 대표자에게 사표를 내고 육지로 나가겠다고 했다. 여기저기서 돌아가겠다고 웅성거리기 시작했다. 몇몇 사람만 마지못해 홍순칠을 따라 정상까지 올라와 보고는, 그들도 사표를 내고 모두 돌아가겠다고 했다.

이렇게 하여 독도에 도착한 30여 명의 경찰관 중에서 독도에 남겠다는 사람은 단 한 사람도 없이 모두 울릉도로 되돌아갔다.

그들이 모두 배에 타고 울릉도 쪽으로 사라져 가는 것을 보면서 한 대원이 말했다.

"누구는 월급받고 있으라고 해도 못 있겠다고 가고, 우리는 월급도 못 받으면서 여기서 살고……. 애국심이 모기 다리 피만큼만 있어도 못 있겠다는 소리는 못 할 텐데. 제기랄."

"그러게 말야. 그러니 독도는 우리가 지킵시다. 돈이 없으면 굶으면서라도 지킵시다. 우리가 전부 굶어 죽으면 나라에서 어떤 대책을 세워 주지 않겠소?"

홍순칠은 주먹을 부르르 떨면서 비장하게 말했다.

그 후 또 몇 달이 지나갔다. 지루한 겨울이 가고 봄이 가고 여름이 와도 교대는 이루어지지 않았다.

이 무렵 국회에서는 독도 수비대가 '불법 무장 단체'라는 이유로 정치적인 문제가 되었다.

'불법 무장 단체라고? 우리가 왜 불법 단체야? 정부에서 제대로 하면 우리가 여기까지 와서 이 고생을 하겠어?'

그러지 않아도 교대가 늦어지는 바람에 심기가 불편하던 홍순칠은 더욱 울화가 치밀었다.

그러던 어느 날, 국회 내무·외무·국방 위원회에서 구성된 현지 조사단이 경찰선을 타고 독도에 상륙하겠다는 보고가 들어왔다.

그러지 않아도 화가 나 있던 홍순칠은 경찰선을 향해 위협 사격을 가해 쫓아 버렸다. 그러자 국회 의원들이 홍순칠을 체포해야 한다며 핏대를 세웠다.

이제나저제나 교대될 날짜만 기다리고 있던 9월 어느 날, 미군 함정이 독도 앞 해상에 정박했다. 홍순칠은 가끔 독도 근해를 항해하는 미군 함정으로부터 식량이나 군복 따위를 지원받던 터라, 이번에도 별다른 생각 없이 전마선을 타고 함정에 접근했다.

함장이 직접 대장을 만나고 싶다고 하여 배 위로 올라갔다. 홍순칠은 그 길로 체포되어 서울 경찰에 넘겨졌다. 외무부의 정보국장이 일본과의 관계를 고려하여 미군들에게 특별히 부탁했던 것이다.

며칠 후, 홍순칠이 국회로 불려 나가자, 국회 의원들의 질문이 시작되었다.

"당신 이름이 뭐요?"

"홍순칠입니다."

"직업은 뭐요?"

"독도 수비대 사령관입니다."

"누가 임명했소?"

"지가 했심더."

홍순칠은 은근히 부아가 치밀어 자신도 모르는 사이에 사투리가 튀어나왔다.

"와하하하하······."

"선상님들 보이소! 선상님들은 지를 독도 수비대 사령관으로 인정해 주지 않아도 좋심더. 그러나 지는 누가 머라캐도 독도 수비대 사령관인기라요. 나라가 어지러워 독도가 내 나라 땅인데도 일본놈들이 지맷대로 들락거리면서 일본 땅이라는 팻말을 꽂아 놓고는 우리 어민들이 조업하러 가믄 내쫓더라 이 말입니더. 나라에서 지켜 준다 카믄 와 그런 일이 있겠십니꺼? 지도요, 돈 벌어서 잘 먹고 잘 사는 거 아는 기라요. 그치만 울릉도 어민들의 문전 옥답 독도를 빼앗기고는 가만 있을 수 없었다 이깁니더. 그 때 선상님들은 머 했십니꺼? 총 한 자루 줬십니꺼? 돈 한푼 줬십니꺼? 내 돈 수천만 원 날라갔십니더. 산도 팔고, 집도 팔고, 논도 팔고, 밭도 팔고 이제는 더 이상 팔 것도 없십니더. 그치만 정부에서는 암 것도 해 준기 없십니더. 불법 무장 단체라꼬요? 와요? 지가 해적질할라꼬 불법 무장 단체 만들었십니꺼? 지는 돈 벌라꼬 한 것도 아니고, 머 해 달라꼬 한 것도 아닙니더. 이제 불법 무장 단체 해체할라 카니 지발 교대 좀 시켜 주이소. 교대를

시켜 줘야 해체할 꺼 아닙니꺼? 우리가 철수하면 당장 왜놈들이 차지할 텐데, 왜놈들 주라는 말입니꺼?"

"……."

이야기가 이렇게 돌아가고 보니, 서슬이 시퍼렇던 국회 의원들은 오히려 홍순칠을 동정하게 되었고, 오히려 내무·국방·외무 장관을 불러서 따져야 한다고 웅성거렸다.

일이 시끄럽게 되자 치안국장은 증언을 마치고 나오는 홍순칠을 붙잡아서 영등포 경찰서 유치장에다 가두었다.

그 후, 우여곡절 끝에 풀려난 홍순칠은 다시 독도로 돌아왔다. 체포된 지 꼭 28일 만이었다.

홍순칠의 국회 증언이 효과가 있었는지 때마침 경찰 당국이 임무 교대를 요구해 왔다.

홍순칠은 대원들을 불러 모았다.

"여러분 중에 경찰이 되어 독도에서 계속 근무할 사람은 손들어 보시오."

"……."

"누가 좋다고 여기에 계속 남겠습니까? 전원이 남는다면 몰라도 그렇게는 안 할랍니다."

홍순칠은 안 되겠다고 생각했다.

"동지 여러분! 우리는 아무런 대가 없이 3년간을 이 섬에서 동고 동락해 왔습니다. 동지들의 헌신적인 노력으로 울릉도 배는 말할 것도 없이 강원도 연안의 배들까지 이 바다에서 안전하게 고기를 잡고 있다는 사실은 저기 보이는 저 불빛이 증명하고 있습니다. 이제 휴전도 되고 사회도 차츰 안정되어 가고 있습니다. 대장인 나로서도 여러분의 희생 정신에 힘입어 최선을 다해 왔으나 이제 한계가 왔다는 것은 여러분이 더 잘 알고 있을 것입니다. 그래서 경찰에다 우리의 임무를 인계하려고 했었습니다. 지난번에 경찰이 인수하려고 왔다가 돌아간 것도 여러분의 눈으로 똑똑히 보았습니다. 여러분의 형편은 나도 잘 알고 있습니다. 행동을 통일할 필요가 있다는 것도 잘 알고 있습니다. 그러나 현실은 우리에게 또 다른 희생을 강요하고 있습니다. 경찰이 인수한다고 하더라도 곧바로 정상 근무를 할 수 없기 때문입니다. 마무리를 잘 짓기 위해서라도 당분간 합동 근무를 해야 할 것입니다. 내가 알아서 10명을 선정할 테니, 선정된 동지는 후배를 양성한다는 뜻에서 1년만 더 근무해 주기를 부탁하면서 여러분의 동의를 구합니다."

　오랜 침묵 끝에 서기종 대원이 대답했다.
　"대장님의 계획에 찬동하겠소."
　"그럼, 반대하는 동지는 없소?"
　"……."
　아무도 반대하는 사람이 없었다.
　홍순칠은 개인별로 면담하여 10명을 선정했다. 그 동안의 고생에 대해서는 아무런 보상도 해 줄 수 없었다.

드디어 1956년 12월 25일.

홍순칠은 장비 일체를 경찰에 무상으로 인계한다는 인수 인계서에 서명했다.

홍순칠은 목이 메었다.

"동지 여러분, 그 동안 수고 많았소. 더 이상 할 말이 없소. 우리가 이 섬에서 3년씩이나 생활하는 동안 다른 사람들은 잘 놀고 돈도 많이 벌었소. 그러나 우리에게는 소금밥 먹으며 이 섬을 지켰다는 보람이 몸에 배어 있소. 여기에 남는 동지들은 수고를 더 하겠지만, 떠나가는 동지들은 독도를 지킨 의병이라는 긍지를 가지고 살아가기 바라오."

대원들은 막걸리 한 사발씩을 돌려 마시고 내려왔다. 내려오는 길에 허학도 대원이 숨진 곳에서 묵념을 올리고 명복을 빌었다.

그리고 남아 있는 10명을 빼고는 모두 배에 올라 독도가 보이지 않을 때까지 차려 자세로 거수 경례를 했다. 러시아의 함장이 침몰하는 배에서 했던 것처럼······.

여기에서 할아버지의 말씀은 끝이 났다. 벌써 사방이 희뿌옇게 밝아 오기 시작했고, 여기저기서 수탉이 목청을 뽐내고 있었다.

독도를 지키는 사람들

"할아버지, 수비 대원들한테는 아무런 보상도 없었나요?"

"당시에는 아무런 보상도 못 해 주다가 1966년에 홍순칠 대장을 비롯한 몇몇 사람들에게 훈장을 주었단다."

"우리 나라는 대체 뭐 하는지 모르겠어요. 안용복 장군도 귀양 보내서 죽게 하고, 홍순칠 할아버지도 10년이나 지나서 훈장을 주고……."

"그러게 말이다. 아무튼 그렇게 힘들여 지켜 온 독도를 일본 사람들이 자기네 거라고 하니 안타까운 일 아니냐? 자, 이제 눈 좀 붙여야지?"

"아니에요, 할아버지. 저는 지금 독도에서 근무하고 있는 아저씨들에게 편지를 써 놓고 자야겠어요. 먼저 주무세요."

나는 책상에 편지지를 올려놓고 써 내려가기 시작했다.

독도에 계시는 아저씨께

아저씨, 안녕하세요? 저는 충암 초등학교에 다니고 있는 김나리예요.

어제 할아버지께 독도에 관한 이야기를 들었습니다. 먼 일본까지 가서 독도를 되찾아온 안용복 장군, 그리고 전 재산을 팔아 가며 독도를 지킨 홍순칠 할아버지 같은 분이 계셨기 때문에 오늘날 독도가 우리 땅이 되었다는 걸 잘 알게 되었어요. 그리고 그분들 못지않게 지금 독도에서 보초를 서시는 분들도 큰일을 하고 계시는구나 하고 생각했어요.

동쪽을 봐도 바다, 서쪽을 봐도 바다, 남쪽을 봐도 바다, 북쪽을 봐도 바다로 둘러싸여 있어서 아저씨들은 갑갑하지 않나요? 하지만 아저씨들이 계시기 때문에 일본 사람들이 침범하지 못하고 있다고 생각하면 조금 힘이 나실 거예요.

아저씨, 제 꿈이 뭔지 아세요? 군인이 되는 거예요. 훌륭하고 멋진 여군이요! 저는 할아버지 말씀을 듣고 독도를 지키기로 결심했어요. 그래서 저는 해군 사관 학교에 가기로 했어요. 요즈음은 사관 학교에서 여자도 뽑잖아요?

공장을 짓고 농사를 짓는 육지도 중요하지만 바다도 무척 중요하다고 생각해요. 그런데 우리는 바다를 너무 소홀히 여기는 것 같아요. 독도도 직접 독도에서 지키는 것보다는 먼 바다에서부터 지키는 게 더 효과적이지 않나요?

저는 이다음에 해군 장교가 되어 배를 타고 독도를 지키고 싶어요. 그 때까지 아저씨가 계실지는 모르지만, 이 편지를 벽

에 붙여 놓으면 다른 분이라도 이 편지를 보고 제가 탄 배에 손을 흔들어 주지 않겠어요?

이제는 너무 졸려서 더 이상 쓸 수가 없어요. 다음에 다시 쓸게요. 아저씨, 안녕.

1999년 4월 1일
김나리 올림

졸린 눈으로 간신히 편지를 써 놓고는 잠이 들었다.

꿈 속에서 안용복 장군이 나타나, "내 혼이 서린 이 곳에 감히 누가 들어오느냐?" 하고 소리치는 바람에 깜짝 놀라 일어나 보니 한낮이었다.

엄마가 곧 점심을 먹고 서울로 올라가야 한다고 깨운 모양이었다. 아침도 굶고 정신 없이 잔 것이었다.

서울로 올라오는 차 속에서 아빠가 물으셨다.

"나리야, 밤새워 할아버지께 안용복 장군이랑 홍순칠 할아버지에 대해 들은 느낌이 어떠니?"

"음…… 아직은 혼란스러워요, 아빠. 정부에서 독도에 신경도 안 쓰고 안용복 장군이나 홍순칠 할아버지에게 상을 주기는커녕 붙잡아서 감옥에 가둔 것에 화도 많이 나고. 그런데 나도 그렇고 내 친구들도 왜 여태까지 안용복 장군이나 홍순칠 할아버지 같은 분들의 얘기를 전혀 모르고 있었는지 이상해요. 학교에서도 못 배웠거든요. 하지만 할아버지 말씀을 듣고 정말 훌륭한 분들이 어떤 분들인지 이젠 조금 알 것 같아요."

"그래, 우리 나리가 하룻밤 사이에 많이 자란 것 같구나. 아빠도 언젠가 할아버지께 독도에 관해 여쭤 본 적이 있었단다. 박정희 대통령 시절이었는데, 한일 협정을 둘러싸고 독도 문제가 거론된 적이 있었거든. 그 때도 독도 문제는 흐지부지되어 이야기를 끝맺지 못했단다. 그래서 그 이후로도 독도를 둘러싼 한·일 양국의 논쟁은 계속되어 왔지. 어쩌면 나리야, 우리 것을 우리 것이라고 당당하게 말하지 못하는 데는, 실은 네가 생각하는 것보다 더 많은 이유가 있을지도 몰라. 우리가 일본보다 힘이 약한 것도 이유가 될 수 있고, 우리 조상들이 잘못한 것도 많고, 또 우리가 공부하지 않는 것도 이유가 될 수 있지. 미래를 생각하지 않고 현재의 작은 문제에만 급급한 것도, 나라보다는 자신의 일만 생각하는 이기심도 독도를 완전히 되찾지 못하는 이유가 될 수 있는 거지. 하지만 나리야, 이제는 너도 알게 되었겠지만 모두가 그랬던 것은 아니란다. 그리고 어쩌면 너희 할아버지도 그런 분들 중 한 분일지도 모르지. 할아버지는 오랫동안 우리 독도에 애정을 가지고 공부해 오셨으니까. 그리고 어떻게 해서든 독도에 얽힌 진실을 사람들에게 널리 알리려고 애쓰고 계시단다. 아빠가 너에게 얘기해 주지 않고 할아버지에게 직접 들으라고 했던 것도 그런 이유에서였단다. 그 이야기를 듣는 동안 너는 안용복 장군이나 홍순칠 할아버지 같은 또 한 명의 영웅을 만날 수 있었을 거야. 우리와 아주 가까운 곳에 있는 살아 있는 영웅을 말이야."

"아, 맞아! 할아버지도 독도를 지키는 사람이야. 그리고 참, 어제 할아버지께 여쭤 보려다가 깜박했는데, 왜 안용복을 장군이라고 하죠? 할아버지는 노를 젓는 하급 군졸이었다고 하시던데."

"응, 그전에 박정희 대통령이 안용복의 훌륭한 일을 기리기 위해 장군이라는 호칭을 붙여 주었단다. 그래서 지금 울릉도 도동 약수터에 있는 충혼비에는 '안용복 장군 충혼비'라고 새겨져 있단다."

"당시의 어떤 장군보다도 더 훌륭한 일을 했으니까 장군이라고 해도 괜찮겠네요?"

"그야 물론이지."

이 때 라디오에서는 국정 감사장에서 어느 국회 의원이 독도가 무인도인지 유인도인지 물었다는 뉴스가 흘러 나왔다.

"아빠, 무인도와 유인도의 차이가 뭐예요?"

"유인도는 사람이 사는 섬이고, 무인도는 살지 않는 섬이지."

"피이, 그건 나도 알아요. 독도가 무인도일 때와 유인도일 때 어떤 차이가 있느냐는 거죠."

"유인도라면 배타적 경제 수역(다른 나라의 배는 못 들어오게 하고 자기네 나라 배들만 고기를 잡을 수 있는 바다)을 크게 설치할 수가 있는데, 무인도는 그런 걸 설치할 수 없기 때문에 손해가 된단다."

"그럼 독도를 유인도라고 하면 되잖아요."

"말로만 유인도라고 해서 되는 게 아니란다. 실제로 사람이 살아야지."

"지금 살고 있잖아요."

"그것만 가지고는 부족하지."

"그게 무슨 말이에요?"

"더 많은 사람들이 살아야지."

"그 좁은 섬에 어떻게 많은 사람이 살죠?"

"간단하단다. 독도를 관광할 수 있도록 완전히 개방하면 많은 사람들이 관광을 가지 않겠니? 그러면 장사하는 사람들이 자연히 독도에 가서 기념품도 팔고, 간단한 음식도 팔고 하겠지. 그렇게 해야 유인도가 되는 거지. 국회에서 유인도라고 답변했다고 해서 유인도가 되고, 무인도라고 했다고 해서 무인도가 되겠니?"

"아하, 그렇구나. 관광지로 개방하기만 하면 우리가 제일 먼저 갈 텐데."

"그래, 그러자꾸나."

할아버지 댁에 다녀온 지 며칠 후 독도에서 편지가 왔다.

나리에게

나리가 보내 준 편지는 잘 받아 보았단다. 그리고 지금 나리의 편지는 예쁘게 비닐로 싸여서 우리 내무반 벽에 붙어 있단다. 이다음에 나리가 해군 장교가 되어 군함을 타고 우리 섬 앞을 지나가게 되면 틀림없이 아저씨의 후배가 손을 흔들어 주리라고 믿는다.

아저씨는 나리의 편지를 받고 어떻게 하면 독도를 잘 지킬 수 있을까 생각해 보았단다.

아저씨처럼 총을 들고 독도를 지키는 것도 하나의 방법이지

214 2부 홍순칠 대장

만, 아예 일본 사람들이 넘보지 못하게 하는 방법도 있단다. 지금 일본 사람들이 넘보고 있는 건, 자기들도 독도에 대해 할 말이 있다고 생각하기 때문이 아니겠니? 그러니까 아예 그런 생각을 못 하도록 하는 거지. 독도에 대한 책을 많이 읽어서 일본 사람들이 주장하는 게 옳지 않다는 것을 논리적으로 증명하면 감히 일본 사람들이 독도를 넘볼 수 있겠니?

 사실 우리 나라 사람들은 독도에 대해서 별로 공부를 하지 않고 있단다. 아저씨도 독도에서 근무하기 전까지는 독도가 얼마나 중요한 섬인지, 일본 사람들이 얼마나 오랫동안 독도

를 탐내 왔는지 잘 몰랐단다. 막연히 우리 땅이니까 지켜야 한다는 식으로만 알고 있었지.

　일본 사람들이 안용복 장군의 이야기가 사실이 아니라고 하면, 너희 나라에 이러이러한 증거가 있는데도 사실이 아니냐 하고 확실하게 대답할 수 있어야 일본 사람들이 항복하지 않겠니? 막연히 우리 나라 책에 이러이러하게 나와 있다고만 하면, 반대로 일본 사람들도 우리 일본 책에는 우리 거라고 되어 있다고 하지 않겠니?

　독도에 대한 책을 많이 읽고 열심히 공부해서 안용복 장군이 어떻게 울릉도와 함께 독도를 되찾아왔고, 홍순칠 대장이 또 어떻게 독도를 지켰는지를 뼛속 깊이 되새기며, 다시는 같은 잘못을 되풀이하지 않겠다고 다짐할 때에만 독도를 지킬 수 있단다.

　이 아저씨는 나리가 이다음에 해군 사관 학교에 들어가서 바다를 지키는 사람이 되는 모습을 꼭 보고 싶구나.

1999년 4월 10일
멀리 독도에서 장기선 아저씨가

독도를 지키는 사람들

1999년 9월 20일 1판 1쇄
2021년 2월 2일 1판 32쇄

글쓴이 김병렬
그린이 신혜원

편집 아동청소년문학팀
디자인 윤지현
제작 박흥기
마케팅 이병규, 이민정, 최다은
홍보 조민희, 강효원

출력 한국커뮤니케이션
인쇄 코리아피앤피
제책 정문바인텍

펴낸이 강맑실
펴낸곳 (주)사계절출판사
등록 제406-2003-034호
주소 (우)10881 경기도 파주시 회동길 252
전화 031)955-8588, 8558
전송 마케팅부 031)955-8595 편집부 031)955-8596
홈페이지 www.sakyejul.net | 전자우편 literature@sakyejul.com | 블로그 skjmail.blog.me
페이스북 facebook.com/sakyejulkid | 인스타그램 instagram.com/sakyejulkid

ⓒ 김병렬, 신혜원 1999

값은 뒤표지에 적혀 있습니다. 잘못 만든 책은 구입하신 서점에서 바꾸어 드립니다.
사계절출판사는 성장의 의미를 생각합니다. 사계절출판사는 독자 여러분의 의견에 늘 귀 기울이고 있습니다.
이 책은 저작권법에 따라 보호받는 저작물이므로 무단전재와 무단복제를 금합니다.

ISBN 978-89-7196-735-5 74810
ISBN 978-89-5828-471-0 (세트)